WHEN WE BECAME

FOUR

Jill Caryl Weiner

當我們變成4個人

吉兒‧卡蘿‧維納———著

黃微眞———譯

目錄

恭喜！

你們建立了很棒的家庭，正展開下一場冒險：迎接第二個寶寶。寶寶適應著這個世界，成了世上最可愛、最討人疼惜的小人兒，與此同時，第一個孩子學著和可愛又高需求的寶寶分享注意力，調適成為大寶這項偶有不順、開心、又困難的工作。身為父母，你們則是手忙腳亂。這趟才剛開始的冒險是專屬你們四個人的。

《當我們變成四個人》提供了不太費力、輕鬆、有趣而特別的方式，捕捉家庭中所有的重要里程碑和特殊時刻。透過填寫書頁，你可以慶祝寶寶的每個階段和家庭生活的豐富變化，促進手足間的情誼、記錄他們剛萌芽的關係。這本書是由你在寶寶成長期間的回憶和感受所組成，請親自填寫，勾選選項，加上日期、圖畫、照片和想法，這些紀錄將深具意義，讓未來的你們持續歡笑、反省以及懷念。

你們的家庭生活和回憶會永久交織在一起，讓這本書的書頁來訴說你們的故事。

吉兒

當我們
在一起

把故事填進空白處

我們的故事要從成家前說起。那要回到 ＿＿＿＿＿＿＿＿＿ 的時候。

我們第一次碰面是個 ＿＿＿＿＿＿＿＿＿ 神奇、悲慘、普通（選擇適合的

或自行填寫）的時刻。這是個 ＿＿＿＿＿＿＿＿＿＿＿ 的故事。

我們因 ＿＿＿＿＿＿＿ 而遇上彼此。第一次碰面是個 ＿＿＿＿＿＿＿。

簡單來說，事情是這樣的 ＿＿＿＿＿＿＿＿＿＿＿＿＿＿＿＿＿＿。

我們在一起後，發生了許多 ＿＿＿＿＿＿＿＿。其中一件特別、有趣、

值得記錄下來的（擇一）事情是 ＿＿＿＿＿＿＿＿＿＿＿＿＿＿＿＿

＿＿＿＿＿＿＿＿＿＿＿＿＿＿＿＿＿＿＿＿＿＿＿＿＿＿＿＿＿＿。

我們喜歡彼此相伴，因為 ＿＿＿＿＿＿＿＿＿＿＿＿＿＿＿＿＿＿。

我們都喜歡 ＿＿＿＿＿＿＿＿＿ 和 ＿＿＿＿＿＿＿＿＿，

我們在一起最愛 ＿＿＿＿＿＿＿＿＿。我們一同有過美好回憶是

＿＿＿＿＿＿＿＿＿＿＿＿＿＿＿＿＿＿＿＿＿＿＿＿＿＿＿＿＿＿，

還有 ＿＿＿＿＿＿＿＿＿＿＿＿＿＿＿。這就是我們相遇的故事，

以及在你和哥哥／姐姐出生前的樣子。現在我們要走進四個人的生活。

墜入愛河這件事可不能怪地心引力。
—— 愛因斯坦

我們遇上彼此時,就像:

☐ 煙火,內心的火花四射　　☐ 響板,一拍即合

☐ 一場微微細雨,感覺安全又自在　　☐ 地震,簡直是場災難

☐ 週二早晨,一切如常　　☐ 其他:＿＿＿＿＿＿＿

簡單來說,故事是這樣的:＿＿＿＿＿＿＿＿＿＿＿＿＿

＿＿＿＿＿＿＿＿＿＿＿＿＿＿＿＿＿＿＿＿＿＿＿＿＿＿

＿＿＿＿＿＿＿＿＿＿＿＿＿＿＿＿＿＿＿＿＿＿＿＿＿＿

＿＿＿＿＿＿＿＿＿＿＿＿＿＿＿＿＿＿＿＿＿＿＿＿＿＿

＿＿＿＿＿＿＿＿＿＿＿＿＿＿＿＿＿＿＿＿＿＿＿＿＿＿

＿＿＿＿＿＿＿＿＿＿＿＿＿＿＿＿＿＿＿＿＿＿＿＿＿＿

＿＿＿＿＿＿＿＿＿＿＿＿＿＿＿＿＿＿＿＿＿＿＿＿＿＿

剛開始的時候

☐ 我們就知道會一直在一起　　☐ 我們是朋友,愛情從友誼中發芽

☐ 我們都受不了對方　　☐ 其中一人先對對方感興趣

☐ 其他:＿＿＿＿＿＿＿＿

我比任何時刻都愛你，而我還沒開始愛。
—— 巴布・狄倫 (Bob Dylan)

把我們的關係比喻成季節，那就像是

□ 冬天　　□ 春天　　□ 夏天　　□ 秋天

因為

_____

_____

_____

媽媽知道自己戀愛了的時刻是 _____

_____

_____

_____

爸爸知道自己戀愛了的時刻是 _____

_____

_____

_____

我喜歡結婚，能夠找到你想一輩子煩他的人，簡直太棒了。
　　　　　　　　　　　　　　　　——瑞塔·拉德納 (Rita Rudner)

我們的清單

我們的歌：_____

我們最喜歡的餐廳：_____

典型的約會行程：_____

_____

一個完美夜晚：_____

_____

最喜歡的一次出遊：_____

_____

其他我們喜歡一起做的事情：_____

_____

_____

最浪漫的時刻：＿＿＿＿＿＿＿＿＿＿＿＿＿＿＿＿＿＿＿

＿＿＿＿＿＿＿＿＿＿＿＿＿＿＿＿＿＿＿＿＿＿＿＿＿＿＿

最有趣的時刻：＿＿＿＿＿＿＿＿＿＿＿＿＿＿＿＿＿＿＿＿

＿＿＿＿＿＿＿＿＿＿＿＿＿＿＿＿＿＿＿＿＿＿＿＿＿＿＿

最驚嚇的時刻：＿＿＿＿＿＿＿＿＿＿＿＿＿＿＿＿＿＿＿＿

＿＿＿＿＿＿＿＿＿＿＿＿＿＿＿＿＿＿＿＿＿＿＿＿＿＿＿

 時空膠囊

如果為寶寶出生前的我們製作時空膠囊，那一定會有＿＿＿＿＿

＿＿＿＿＿＿＿＿＿＿＿＿＿＿＿＿＿＿＿＿＿＿＿＿＿＿＿

＿＿＿＿＿＿＿＿＿＿＿＿＿＿＿＿＿＿＿＿＿＿＿＿＿＿＿

＿＿＿＿＿＿＿＿＿＿＿＿＿＿＿＿＿＿＿＿＿＿＿＿＿＿＿

＿＿＿＿＿＿＿＿＿＿＿＿＿＿＿＿＿＿＿＿＿＿＿＿＿＿＿

＿＿＿＿＿＿＿＿＿＿＿＿＿＿＿＿＿＿＿＿＿＿＿＿＿＿＿

當我們
變成三個人

把故事填進空白處

大寶在 ＿＿＿＿＿＿＿＿＿＿＿＿＿ 出生後，我們隨興浪漫的日子、晚餐、

散步、對談、電影、假期 ＿＿＿＿＿＿＿＿＿＿＿＿＿＿（選擇適合的

或自行填寫）不再，取而代之的是照顧這愛的小龍捲風。這相當美妙、有

挑戰、改變了人生（選擇適合的或自行填寫）。當中最大的改變或挑戰是

＿＿＿＿＿＿＿＿＿＿＿。我們得學著 ＿＿＿＿＿＿＿＿＿＿＿ 和

＿＿＿＿＿＿＿＿＿＿＿＿＿，但也帶來許多樂趣！我們真心喜歡一起

＿＿＿＿＿＿＿＿＿＿＿＿＿＿＿＿。讓人興奮的是，

大寶開始 ＿＿＿＿＿＿＿＿＿＿＿＿＿＿＿＿＿＿＿＿＿。

大寶很喜歡 ＿＿＿＿＿＿＿＿＿＿＿＿＿＿＿＿＿＿＿＿ 和

＿＿＿＿＿＿＿＿＿＿＿＿＿＿＿＿＿＿＿＿＿＿＿。

我們一家很享受 ＿＿＿＿＿＿＿＿＿＿＿＿＿＿＿＿＿＿＿

＿＿＿＿＿＿＿＿＿＿＿＿＿＿＿＿＿＿＿＿＿＿＿。

還有什麼比這更棒的事情呢？例如，讓我們變成一家四個人！

放一張我們一家三口的照片

 ## 在你到來之前的我們

媽媽和爸爸喜歡哥哥／姐姐的地方：_____

_____

哥哥／姐姐喜歡媽媽和爸爸的地方：_____

_____

其他生活中重要的人：_____

_____

_____

家庭時光

有趣的時刻：_____

_____

恐怖的時刻：_____

_____

珍貴的時刻：_____

_____

值得訴說的故事：_____

_____

我們等不及要和你分享的電影：_____

_____

我們等不及要和你分享的書籍：_____

_____

_____

運用這頁空白做任何想做的事

（留下回憶、細節、想法、照片、圖畫，或貼紙也行）

工作、學校和日常瑣事

我們喜歡鎮日彼此相伴，但並非皆能如願。

 媽媽

我的時間通常用在 _____

週末時，我喜歡 _____

我的夢想職業是 _____

關於我，你可能不知道的事情是 _____

_____

 爸爸

我的時間通常用在 _____

週末時，我喜歡 _____

我的夢想職業是 _____

關於我，你可能不知道的事情是 _____

_____

大寶

我的時間通常用在 _____

週末時，我喜歡 _____

我喜歡做的事情是 _____

關於我，你可能不知道的事情是 _____

_____

爸媽覺得我的夢想職業可能是 _____

_____

我們三個人

喜歡一起做的事情是 _____

_____

_____

_____

遠大期待

我們什麼時候想擁有你？

☐ 馬上　　　　　　　☐ 過了一陣子，我們準備好之後
☐ 其他：＿＿＿＿＿＿＿＿＿＿＿＿

媽媽

出現什麼徵兆去驗孕？

☐ 月經停止　　　　　　☐ 嗅覺變得像超級英雄一樣靈敏
☐ 吃什麼東西都反胃　　☐ 累得不想伸手去拿遙控器
☐ 我覺得棒透了　　　　☐ 出現和懷大寶時一樣的感覺
☐ 其他：＿＿＿＿＿＿＿＿＿＿＿＿

驗孕結果是陽性時，感覺是

☐ 開心歡喜　　　☐ 嚇壞了　　　☐ 完整
☐ 毫無準備　　　☐ 充滿活力　　☐ 準備迎接挑戰
☐ 其他：＿＿＿＿＿＿＿＿＿＿＿＿

怎麼跟另一半說的？＿＿＿＿＿＿＿＿＿＿＿＿＿＿＿＿＿＿

他的反應是 ＿＿＿＿＿＿＿＿＿＿＿＿＿＿＿＿＿＿＿＿＿

＿＿＿＿＿＿＿＿＿＿＿＿＿＿＿＿＿＿＿＿＿＿＿＿＿＿

大寶知道了！

反應是

☐ 耶！我要當哥哥 / 姐姐了！   ☐ 我們要把寶寶放在哪裡？

☐ 那我怎麼辦？   ☐ 我可以取名字嗎？

☐ 太小了還不理解   ☐ 其他：＿＿＿＿＿＿

如何解釋寶寶是從哪裡來的？

☐ 送子鳥送來的   ☐ 小鳥和蜜蜂送來的   ☐ 玩具反斗城

☐ 從亞馬遜（AMAZON）   ☐ 其他：＿＿＿＿＿＿

我們告訴家人的時刻和場合：＿＿＿＿＿＿＿＿＿＿

＿＿＿＿＿＿＿＿＿＿＿＿＿＿＿＿＿＿＿＿＿＿＿＿

我們怎麼告訴朋友的？＿＿＿＿＿＿＿＿＿＿＿＿＿

＿＿＿＿＿＿＿＿＿＿＿＿＿＿＿＿＿＿＿＿＿＿＿＿

＿＿＿＿＿＿＿＿＿＿＿＿＿＿＿＿＿＿＿＿＿＿＿＿

我們收到最喜歡反應：＿＿＿＿＿＿＿＿＿＿＿＿＿

＿＿＿＿＿＿＿＿＿＿＿＿＿＿＿＿＿＿＿＿＿＿＿＿

＿＿＿＿＿＿＿＿＿＿＿＿＿＿＿＿＿＿＿＿＿＿＿＿

你即將到來！

每個人都好開心，因為我們一直期待你的到來，但對我們來說，你不僅止於此。

媽媽視你為

☐ 另一個要照顧和關愛的孩子 　　 ☐ 大寶的人生夥伴和朋友

☐ 未來的玩伴和逛街好夥伴 　　 ☐ 需要指引、教導的人

☐ 其他：＿＿＿＿＿＿＿＿＿＿＿

爸爸視你為

☐ 另一個要照顧和關愛的孩子 　　 ☐ 大寶的人生夥伴和朋友

☐ 自己的玩伴 　　 ☐ 需要指引、教導的人

☐ 其他：＿＿＿＿＿＿＿＿＿＿＿

大寶視你為

☐ 弟弟／妹妹 　　 ☐ 最好的朋友和玩伴

☐ 禮物或玩具 　　 ☐ 要教導和照顧的學生

☐ 需要照料的人 　　 ☐ 不知道發生了什麼事情

☐ 其他：＿＿＿＿＿＿＿＿＿＿＿

更多細節：＿＿＿＿＿＿＿＿＿＿＿＿＿＿＿＿＿＿＿＿＿＿＿＿＿＿

＿＿＿＿＿＿＿＿＿＿＿＿＿＿＿＿＿＿＿＿＿＿＿＿＿＿＿＿＿＿＿＿

完美版本

我們希望寶寶能遺傳到爸爸的內、外在特質：

我們希望寶寶能遺傳到媽媽的內、外在特質：

我們希望寶寶能有和大寶一樣的內、外在特質：

酸黃瓜口味洋芋片佐巧克力冰淇淋

媽媽

孕期愛吃的食物：＿＿＿＿＿＿＿＿＿＿＿＿＿＿＿

厭惡的東西：＿＿＿＿＿＿＿＿＿＿＿＿＿＿＿＿＿

五感是否變得特別敏銳？＿＿＿＿＿＿＿＿＿＿＿＿

是哪種孕婦？

☐ 開心的　　☐ 愛睡的　　☐ 情緒化的

☐ 忙碌的　　☐ 緊張的　　☐ 會噁心嘔吐的

☐ 其他：＿＿＿＿＿＿＿　（龐大的？可愛的？愛哭的？）

爸爸

是哪種爸爸？

☐ 開心的　　☐ 愛睡的　　☐ 緊張的

☐ 深情的　　☐ 忙碌的　　☐ 有用的

☐ 其他：＿＿＿＿＿＿＿　（甜蜜的？好辯的？和藹可親的？）

媽媽在懷孕過程中，提出最具挑戰的要求：＿＿＿＿＿＿

＿＿＿＿＿＿＿＿＿＿＿＿＿＿＿＿＿＿＿＿＿＿＿＿＿

這些渴望是哪裡來的？我歸結是寶寶天生內建的。

—— 保羅．萊瑟 (Paul Reiser)

 大寶

自認為會是哪種手足？

☐ 開心的　　　☐ 嫉妒的　　　　　　☐ 愛抱抱的

☐ 黏人的　　　☐ 什麼都不知道的　　☐ 愛玩的

☐ 緊張的

☐ 其他：_____（傻傻的？嚴肅的？超級可愛的）

留下更多細節、圖畫或照片：

美好生活的另一面

媽媽

懷孕最棒的事情：＿＿＿＿＿＿＿＿＿＿＿＿＿＿＿＿

＿＿＿＿＿＿＿＿＿＿＿＿＿＿＿＿＿＿＿＿＿＿＿＿＿＿

懷孕最糟的事情：＿＿＿＿＿＿＿＿＿＿＿＿＿＿＿＿

＿＿＿＿＿＿＿＿＿＿＿＿＿＿＿＿＿＿＿＿＿＿＿＿＿＿

即將變成一家四口，媽媽最擔心的事情：＿＿＿＿＿

＿＿＿＿＿＿＿＿＿＿＿＿＿＿＿＿＿＿＿＿＿＿＿＿＿＿

＿＿＿＿＿＿＿＿＿＿＿＿＿＿＿＿＿＿＿＿＿＿＿＿＿＿

即將變成一家四口，爸爸最擔心的事情：＿＿＿＿＿

＿＿＿＿＿＿＿＿＿＿＿＿＿＿＿＿＿＿＿＿＿＿＿＿＿＿

＿＿＿＿＿＿＿＿＿＿＿＿＿＿＿＿＿＿＿＿＿＿＿＿＿＿

即將變成一家四口，大寶最擔心的事情：＿＿＿＿＿

＿＿＿＿＿＿＿＿＿＿＿＿＿＿＿＿＿＿＿＿＿＿＿＿＿＿

＿＿＿＿＿＿＿＿＿＿＿＿＿＿＿＿＿＿＿＿＿＿＿＿＿＿

求救！

寶寶該睡哪裡？

☐ 沒問題，我們有多的房間　　☐ 分享就是關愛

☐ 我們得重新裝潢了！　　　　☐ 總會找到地方的！

☐ 天啊！　　　　　　　　　　☐ 該去看房子了

☐ 其他：＿＿＿＿＿＿＿＿＿＿

更多細節：＿＿＿＿＿＿＿＿＿＿＿＿＿＿＿＿＿＿＿＿＿

＿＿＿＿＿＿＿＿＿＿＿＿＿＿＿＿＿＿＿＿＿＿＿＿＿＿＿

＿＿＿＿＿＿＿＿＿＿＿＿＿＿＿＿＿＿＿＿＿＿＿＿＿＿＿

＿＿＿＿＿＿＿＿＿＿＿＿＿＿＿＿＿＿＿＿＿＿＿＿＿＿＿

預備寶寶來襲的檢查清單有

☐ 重新裝潢或布置　　　　　☐ 把嬰兒用品從儲藏室拿出來

☐ 準備待產包　　　　　　　☐ 幫大寶預約「大寶預備課」

☐ 買搖籃、嬰兒床等，替換嬰兒用品

☐ 為大寶制定計畫，並讓其他有關的人知道

☐ 其他：＿＿＿＿＿＿＿＿＿＿

> 每個人都想拯救地球，但沒人想幫媽媽洗碗。
> ——P‧J‧歐魯克 (P.J. O' Rourke)

天生一對

規則一：確定你們都保持愉快的心情。

規則二：分配未來的育兒家務。一起做也很棒。

媽媽	爸爸		媽媽	爸爸	
☐	☐	寄送報喜通知	☐	☐	換尿布
☐	☐	擔任寶寶的時尚警察	☐	☐	準備食物或叫外送
☐	☐	半夜起來顧寶寶	☐	☐	洗衣服
☐	☐	記錄家庭生活	☐	☐	洗碗
☐	☐	幫寶寶洗澡	☐	☐	幫寶寶拍照
☐	☐	把大寶帶出門，讓媽媽（或爸爸）多睡一會兒			
☐	☐	其他： _____			

別人提供的有用建議：＿＿＿＿＿＿＿＿＿＿＿＿＿＿＿＿＿＿＿＿

＿＿＿＿＿＿＿＿＿＿＿＿＿＿＿＿＿＿＿＿＿＿＿＿＿＿＿＿＿＿＿＿

別人提供的奇怪建議：＿＿＿＿＿＿＿＿＿＿＿＿＿＿＿＿＿＿＿＿＿

＿＿＿＿＿＿＿＿＿＿＿＿＿＿＿＿＿＿＿＿＿＿＿＿＿＿＿＿＿＿＿＿

偉大的代價就是責任。

—— 溫斯頓・邱吉爾 (Winston Churchill)

天生一對——大寶版

規則一：確定大寶保持愉快的心情。

規則二：幫大寶分配未來的育兒家務。如果大寶還太小，請運用想像力。

大寶選出自己也能夠幫忙的事情

☐ 讓寶寶笑   ☐ 對寶寶唱歌

☐ 幫寶寶穿衣服   ☐ 唸書給寶寶聽

☐ 和寶寶玩   ☐ 換尿布（或在旁邊幫忙）

☐ 當寶寶的造型師   ☐ 照顧寶寶

☐ 讓寶寶有得忙，媽媽（或爸爸）可以小睡一會兒

☐ 其他：＿＿＿＿＿＿＿＿＿＿＿＿＿＿

大寶要唱給寶寶的歌曲：＿＿＿＿＿＿＿＿＿＿＿＿＿＿＿＿＿＿＿

＿＿＿＿＿＿＿＿＿＿＿＿＿＿＿＿＿＿＿＿＿＿＿＿＿＿＿＿＿＿＿

＿＿＿＿＿＿＿＿＿＿＿＿＿＿＿＿＿＿＿＿＿＿＿＿＿＿＿＿＿＿＿

＿＿＿＿＿＿＿＿＿＿＿＿＿＿＿＿＿＿＿＿＿＿＿＿＿＿＿＿＿＿＿

＿＿＿＿＿＿＿＿＿＿＿＿＿＿＿＿＿＿＿＿＿＿＿＿＿＿＿＿＿＿＿

這些是我的原則，如果你不喜歡，我還有其他的原則。
—— 格魯喬‧馬克思 (Groucho Marx)

我們爭論的事情有

□ 寶寶的名字

□ 要怎麼跟大寶說，寶寶是從哪裡來的

□ 是否要提前知道寶寶的性別

□ 是否告訴別人寶寶的性別或名字

□ 爸爸是否也該跟著喝低咖啡因的咖啡

□ 其他：＿＿＿＿＿＿＿＿＿＿＿

我們彼此都同意的教養原則：＿＿＿＿＿＿＿＿＿＿

＿＿＿＿＿＿＿＿＿＿＿＿＿＿＿＿＿＿＿＿＿＿

我們還在說服對方採用的教養原則：＿＿＿＿＿＿＿

＿＿＿＿＿＿＿＿＿＿＿＿＿＿＿＿＿＿＿＿＿＿

我們做法不一致的地方：＿＿＿＿＿＿＿＿＿＿＿＿

＿＿＿＿＿＿＿＿＿＿＿＿＿＿＿＿＿＿＿＿＿＿

我們做法一致的地方：＿＿＿＿＿＿＿＿＿＿＿＿＿

＿＿＿＿＿＿＿＿＿＿＿＿＿＿＿＿＿＿＿＿＿＿

＿＿＿＿＿＿＿＿＿＿＿＿＿＿＿＿＿＿＿＿＿＿

等待你的出生就像等待

☐ 蛋糕膨脹，我們知道你很甜美又可口

☐ 火車，我們期待你將我們帶往下一站

☐ 雲霄飛車，我們等不及要來場刺激的冒險

☐ 暴風雨，我們不確定是否準備好了

☐ 久旱甘霖，我們非常渴望你的到來

☐ 其他：＿＿＿＿＿＿＿＿

時空膠囊

如果為寶寶出生前的我們製作時空膠囊，那一定會有＿＿＿＿＿＿

＿＿＿＿＿＿＿＿＿＿＿＿＿＿＿＿＿＿＿＿＿＿＿＿

＿＿＿＿＿＿＿＿＿＿＿＿＿＿＿＿＿＿＿＿＿＿＿＿

我們等不及要和寶寶一起做的事情：＿＿＿＿＿＿＿

＿＿＿＿＿＿＿＿＿＿＿＿＿＿＿＿＿＿＿＿＿＿＿＿

＿＿＿＿＿＿＿＿＿＿＿＿＿＿＿＿＿＿＿＿＿＿＿＿

＿＿＿＿＿＿＿＿＿＿＿＿＿＿＿＿＿＿＿＿＿＿＿＿

＿＿＿＿＿＿＿＿＿＿＿＿＿＿＿＿＿＿＿＿＿＿＿＿

> 一切變得更寬廣、更奇怪，我置身當中，
> 好奇想著，未來你會成為怎樣的人。
> ——嘉莉·費雪 (Carrie Fisher)

給寶寶的信

（現在寫或晚點寫，由一個人寫或全家一起寫）

日期：＿＿＿＿＿＿＿＿＿＿＿＿＿＿＿

....

....

....

放一張家庭照或媽媽的孕肚照

當我們
變成四個人

在這裡放第一張家庭照

你誕生了！

把故事填進空白處

在 ＿＿＿＿＿＿＿＿＿＿＿＿＿＿，你奮力來到這個世界。我們知道你的到來

是因為 ＿＿＿＿＿＿＿＿＿＿＿＿＿＿。媽媽說、尖叫道或感覺到（擇一）

＿＿＿＿＿＿＿＿＿＿＿＿＿。＿＿＿＿＿＿＿＿＿＿ 這件不可思議、

令人 ＿＿＿＿＿＿＿＿＿＿＿＿＿＿ 的事情發生了：你出生了！

爸爸 ＿＿＿＿＿＿＿＿＿＿。我們打電話給 ＿＿＿＿＿＿＿＿＿＿。

大寶 ＿＿＿＿＿＿＿＿＿＿＿＿＿＿＿＿＿。原本的計畫是

＿＿＿＿＿＿＿＿＿＿＿＿＿＿＿＿＿＿。但真實情況是

＿＿＿＿＿＿＿＿＿＿＿＿＿＿＿＿＿＿＿＿＿＿。

你到來時，我們感覺 ＿＿＿＿＿＿＿＿＿ 和 ＿＿＿＿＿＿＿＿。

我們簡直不敢相信 ＿＿＿＿＿＿＿＿＿。沒料到你會如此的 ＿＿＿＿＿。

我們決定稱呼你 ＿＿＿＿＿＿，因為 ＿＿＿＿＿＿＿＿＿＿＿＿。

＿＿＿＿＿＿＿＿＿＿＿＿＿＿＿＿＿＿＿＿＿＿＿＿＿＿＿＿

這些愛你的人想馬上見到你。你的出生為我們的世界增添了新的面向。我

們等不及要體驗四個人的生活了！

產房：批評止步

媽媽在哪裡生產？

☐ 在家裡　　　　　　　　☐ 在醫院

☐ 在車子後座　　　　　　☐ 在浴缸

☐ 其他：_____

媽媽進入產程時，爸爸正

☐ 握著媽媽的手　　　　　☐ 躲在床底下

☐ 指揮全場　　　　　　　☐ 照顧大寶

☐ 試著找到醫生

☐ 其他：_____

大寶正在 _____

_____

接生醫師／助產士是 _____ **，人很**

☐ 神奇　　　　☐ 專業　　　☐ 像美式足球的後衛球員

☐ 親切、有趣　☐ 嚴格　　　☐ 其他：_____

生產須知

做得太完美了的地方：
_____

_____

_____

希望可以改變的地方：
_____

_____

_____

那天的更多細節：
_____

_____

_____

放一張媽媽和寶寶的照片

你是介於夢想和奇蹟間的存在。
　　── 伊莉莎白‧巴雷特‧白朗寧 (Elizabeth Barrett Browning)

寶寶介紹

姓名：＿＿＿＿＿＿＿＿＿＿＿＿＿＿＿

出生日期和時間：＿＿＿＿＿＿＿＿＿＿＿＿＿＿

地點：＿＿＿＿＿＿＿＿＿＿＿＿＿＿＿＿＿

身高：＿＿＿＿＿＿＿＿　　　　體重：＿＿＿＿＿＿＿＿

眼睛的顏色：＿＿＿＿＿＿＿＿　　　髮色：＿＿＿＿＿＿＿

髮型：□ 細捲髮　　□ 龐克頭　　□ 光頭　　□ 其他：＿＿＿＿＿＿

你是（可複選）

□ 妹妹

□ 弟弟

□ 玩伴

□ 我一生的朋友

□ 世上最可愛的、軟綿綿的小東西

□ 親愛的孩子

□ 我們的小 ＿＿＿＿＿＿＿＿＿＿

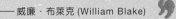

> 母親痛苦呻吟，父親落淚，我猛然闖進這危險的人間。
> ——威廉・布萊克 (William Blake)

你出生時

☐ 睡得很平靜　　　　　　☐ 全身漲紅

☐ 扭來扭去還尖叫　　　　☐ 冷靜的觀望

☐ 好美　　　　　　　　　☐ 其他：＿＿＿＿＿＿＿＿＿

寶寶長得像

☐ 媽媽　　　　　　　　　☐ 爸爸

☐ 大寶　　　　　　　　　☐ 祖父或祖母

☐ 尤達（不過更可愛）　　☐ 完美的洋娃娃

☐ 其他：＿＿＿＿＿＿＿＿＿

放一張寶寶的照片

媽媽介紹 （又來了）

姓名：_____　　　　出生日期：_____

選出孩子喊你的方式

媽媽　　　**馬麻**　　**媽咪**　　**世界上最棒的媽媽**
母親大人　**馬迷**　　**老闆**　　**其他：**_____

穿了鞋後的身高：_____　　　　孕期的髮色：_____

興趣和嗜好：_____

放一張媽媽的照片

父親的心，是自然的偉大傑作。

—— 阿貝·普雷沃 (Abbé Prévost)

爸爸介紹 （又來了）

姓名：＿＿＿＿＿＿＿＿＿＿　　出生日期：＿＿＿＿＿＿＿＿＿

選出孩子喊你的方式

爸爸　　　爹地　　爸　　　老兄　　世界上最棒的爸爸
父親大人　先生　　教練　　把拔　　其他：＿＿＿＿＿＿＿

夢想（或實際）身高：＿＿＿＿＿＿＿＿　星座：＿＿＿＿＿＿

頭髮狀態：□ 有　　□ 無　　□ 正在長

興趣和嗜好：＿＿＿＿＿＿＿＿＿＿＿＿＿＿＿＿＿＿＿＿＿

放一張爸爸的照片

兄弟姊妹如同手和腳一般親密。
—— 越南諺語

大寶介紹

姓名：＿＿＿＿＿＿＿＿　綽號：＿＿＿＿＿＿　出生日期：＿＿＿＿＿

興趣：＿＿＿＿＿＿＿＿＿＿＿＿＿＿＿＿＿＿＿＿＿＿＿＿＿＿＿＿＿

在寶寶出生之前，最好的朋友是 ＿＿＿＿＿＿＿＿＿＿＿＿＿＿＿＿＿

自認為寶寶會怎麼稱呼他：＿＿＿＿＿＿＿＿＿＿＿＿＿＿＿＿＿＿＿＿

更多細節：＿＿＿＿＿＿＿＿＿＿＿＿＿＿＿＿＿＿＿＿＿＿＿＿＿＿＿

讓大寶在此畫畫或寫下想法：

看到寶寶時，大寶

☐ 只想著抱著寶寶　　☐ 想把寶寶送回去

☐ 沒什麼反應　　☐ 哭了

☐ 笑了　　☐ 其他：＿＿＿＿＿＿＿＿＿

可以抱寶寶嗎？

☐ 可以　　☐ 不行

☐ 可以握著腳趾頭

☐ 其他：＿＿＿＿＿＿＿＿＿

更多細節：＿＿＿＿＿＿＿＿＿＿＿＿＿＿＿

＿＿＿＿＿＿＿＿＿＿＿＿＿＿＿＿＿＿＿＿＿

＿＿＿＿＿＿＿＿＿＿＿＿＿＿＿＿＿＿＿＿＿

放一張老大和寶寶的照片

> 孩子在你腹中待了九個月，你在懷中抱了三年，
> 而孩子永存你心，直到死去為止。
>
> —— 瑪莉・梅森 (Mary Mason)

第一次看到你時，我感覺

☐ 開心　　　　　☐ 驚訝　　　　　☐ 害怕

☐ 愛　　　　　　☐ 驕傲　　　　　☐ 鬆了一口氣

☐ 其他：＿＿＿＿＿＿＿＿＿＿＿＿

第一次抱你時，你

☐ 睡得像個天使　　　　　☐ 扭來扭去像要跳出懷中

☐ 像變色龍一樣會變色　　☐ 自在的躺在我懷中

☐ 哇哇大哭　　　　　　　☐ 其他：＿＿＿＿＿＿＿＿＿

更多細節：＿＿＿＿＿＿＿＿＿＿＿＿＿＿＿＿＿＿＿＿＿

＿＿＿＿＿＿＿＿＿＿＿＿＿＿＿＿＿＿＿＿＿＿＿＿＿＿

＿＿＿＿＿＿＿＿＿＿＿＿＿＿＿＿＿＿＿＿＿＿＿＿＿＿

＿＿＿＿＿＿＿＿＿＿＿＿＿＿＿＿＿＿＿＿＿＿＿＿＿＿

＿＿＿＿＿＿＿＿＿＿＿＿＿＿＿＿＿＿＿＿＿＿＿＿＿＿

身為父親，就像是彩虹上的衝浪板。
—— 傑瑞・賽恩菲爾德 (Jerry Seinfeld)

第一次看到你時，我感覺

☐ 開心   ☐ 驚訝   ☐ 害怕

☐ 愛   ☐ 驕傲   ☐ 鬆了一口氣

☐ 其他：_____

第一次抱你時，你

☐ 睡得像個天使   ☐ 扭來扭去像要跳出懷中

☐ 像變色龍一樣會變色   ☐ 自在的躺在我懷中

☐ 哇哇大哭   ☐ 其他：_____

更多細節：_____

_____

_____

_____

_____

為孩子命名就像寫詩。
—— 理查・艾爾 (Richard Eyre)

寶寶的姓名

我們取了 ＿＿＿＿＿＿＿＿＿＿＿＿＿＿＿＿ 做為你的名字，因為

＿＿＿＿＿＿＿＿＿＿。哥哥／姐姐想稱呼你為 ＿＿＿＿＿＿，因為

☐ 一隻最愛的玩偶 ☐ 一位最愛的動作片英雄或公主

☐ 喜歡的電影明星、音樂家或名人 ☐ 其他：＿＿＿＿＿＿＿

我們喜歡但無法達成共識的名字有 ＿＿＿＿＿＿＿＿＿＿＿＿＿。

我們考慮過最好笑的名字 ＿＿＿＿＿＿＿＿＿＿。我們可能會用

＿＿＿＿＿＿ 當做小名。你出生前，我們用 ＿＿＿＿＿ 稱呼你。

更多故事：

....

....

為孩子命名最酷的地方在於，你無須在名字後面加上
六個數字，以確保這個名字有價值。

—— 比爾 · 莫瑞 (Bill Murray)

家庭成員的姓名

媽媽的姓名是 _____

因為 _____

爸爸的姓名是 _____

因為 _____

大寶的姓名是 _____

因為 _____

小名 _____

有關其他家族成員姓名的更多故事： _____

_____

其他重要的姓名

兒科醫生： _____

祖父母、乾爸、乾媽或未來的朋友： _____

_____

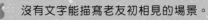

沒有文字能描寫老友初相見的場景。
——吉姆・亨森 (Jim Henson)

我們的家族聚落

這些親愛的人住得近，並樂意來看你（有人要來當保母嗎？）：

_____

_____

這些親愛的人住得遠，但送來了他們的關愛：_____

_____

_____

希望這些親愛的人仍與我們同在：_____

_____

_____

這些朋友就像親人一樣：_____

_____

寶寶外觀比一比

	像媽媽	像爸爸	像大寶	看不出來
眼睛				
鼻子				
嘴巴				
笑容				
頭型				
耳朵				
手指				
腳				

把你比喻成小動物，你會是

☐ 食人魚，總是在啃咬媽媽　　☐ 無尾熊，喜歡抱抱，一直睡覺

☐ 小狗狗，開心又調皮　　　　☐ 吼猴，總是哭不停

☐ 其他：＿＿＿＿＿＿＿＿＿＿＿

把大寶比喻成小動物，會是

☐ 企鵝：讓人想抱抱且無法抗拒　　☐ 小熊：愛玩又調皮

☐ 老虎：隨時準備撲上來，因為吃醋　☐ 貓頭鷹：充滿好奇，尋求智慧

☐ 小鷹：想過度保護他，不准其他人靠近

☐ 其他：＿＿＿＿＿＿＿＿＿＿＿

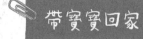

帶寶寶回家

離開醫院時，我們

☐ 覺得刺激、難以置信   ☐ 覺得好累，需要幫手

☐ 不敢相信我們是兩個孩子的父母   ☐ 等不及要 _____

☐ 沒有準備好，毫無頭緒   ☐ 開心到快昏頭

☐ 其他：_____

更多故事或回憶：_____

_____

_____

寶寶的第一個地址：_____

_____

對我們來說，這將永遠會是特別的，因為 _____

_____

_____

_____

最大的挑戰：_____

_____

_____

最棒的勝利：_____

_____

_____

最劇烈的調整：_____

_____

_____

身為緊張兮兮的父母，做過最傻的事：_____

_____

_____

更多細節：_____

_____

_____

放一張寶寶的照片

你到家了！

寶寶出生
第一個月

把故事填進空白處

頭幾天回家的日子簡直就是 ＿＿＿＿＿＿＿＿＿＿＿＿。有個漂亮的小人兒

可以愛護、照顧，可不是天天會有的事。你點亮我們的世界，但我們好奇

你到底在哪個星球。你的手足 ＿＿＿＿＿＿＿＿（姓名）來做我們的寶貝

已經 ＿＿＿＿＿＿＿ 了，突然間卻成了家裡的大孩子，令人興奮又感覺

相當不同。我們期待 ＿＿＿＿＿＿＿＿，但還沒準備好 ＿＿＿＿＿＿＿＿＿。

首先，哥哥／姐姐好奇、想著、說了、想要（擇一或自行填寫）＿＿＿＿＿

＿＿＿＿＿＿＿＿＿＿。他要習慣 ＿＿＿＿＿＿＿＿＿＿＿＿＿＿＿＿＿，

並不容易，但很快就會幫忙 ＿＿＿＿＿＿＿＿＿＿＿＿＿＿＿＿＿＿＿。

有時候，你似乎只想要吃東西、睡覺、哭、抱抱（選擇適合的或自行填寫）、

＿＿＿＿＿＿＿＿＿＿＿＿＿＿，他只想要 ＿＿＿＿＿＿＿＿＿＿＿。

當然，照顧新生兒和一個（擇一或自行填寫）寶寶、幼兒、＿＿＿＿＿＿＿ 歲

的孩子、青少年並不容易，每個美妙的、災難的、累人的（選擇適合的或自

行填寫）、＿＿＿＿＿＿＿＿＿＿＿＿＿＿＿＿＿＿＿ 時刻都很值得。我

們很疲累、茫然、還有一點不確定，但組成一家四口實在太棒了！

寶寶的第一個月

現在你在家裡，我們很驚訝你

☐ 有多麼漂亮　　　　　☐ 個性是哪來的

☐ 有多麼難餵　　　　　☐ 有多麼好餵

☐ 跟大寶很像　　　　　☐ 跟大寶很不一樣

☐ 其他：＿＿＿＿＿＿＿＿＿＿

更多想法和細節：＿＿＿＿＿＿＿＿＿＿＿＿＿＿

＿＿＿＿＿＿＿＿＿＿＿＿＿＿＿＿＿＿＿＿＿＿＿＿

＿＿＿＿＿＿＿＿＿＿＿＿＿＿＿＿＿＿＿＿＿＿＿＿

＿＿＿＿＿＿＿＿＿＿＿＿＿＿＿＿＿＿＿＿＿＿＿＿

＿＿＿＿＿＿＿＿＿＿＿＿＿＿＿＿＿＿＿＿＿＿＿＿

我們希望永遠記得

☐ 每件事的感覺　　　　　　　　☐ 這熟悉的感覺

☐ 你曾小到貼合我們彎曲的手臂　☐ 你和大寶在一起時有多可愛

☐ 這些日子有多累，同時也多麼讓我們驚豔

☐ 其他：＿＿＿＿＿＿＿＿＿＿

當你學著認識這個世界時，我們學著怎麼照顧你的需求，同時手忙腳亂的照顧自己的需求。

第一次帶你回家時，我們感覺＿＿＿＿＿＿＿＿＿＿＿＿＿＿＿＿＿＿＿＿

大寶
- ☐ 離不開你 　　　　☐ 忽略你

想要
- ☐ 想把你送回去 　　　　☐ 想把你塞在沙發底下
- ☐ 想把你放進洗衣機裡 　　　☐ 想抱你、愛你、不讓你走
- ☐ 想抱你抱得好緊，緊到讓你打嗝或便便

我們喜愛你的
- ☐ 鼓鼓的雙頰 　　☐ 美麗的眼睛 　　☐ 肉肉的大腿
- ☐ 捲翹的睫毛 　　☐ 花瓣般的柔軟肌膚 　☐ 還有 ＿＿＿＿＿＿

除了這些難以置信的可愛特徵，我們還喜歡你＿＿＿＿＿＿＿＿＿＿＿＿

我們開始喊你為 ＿＿＿＿＿＿＿＿＿＿＿＿＿＿＿＿＿＿＿＿＿＿＿＿

我們知道的事情比我們自己以為的還要多，
但不知道的事情也是如此。

沒有預料到的開心、驚奇的事情：_____

_____

_____

_____

_____

_____

你在各方面的表現簡直完美，如果你能夠

☐ 吃多一點　　　☐ 吃少一點　　　☐ 睡多一點

☐ 睡少一點　　　☐ 哭少一點　　　☐ 不去咬哥哥／姐姐的玩具

☐ 其他：_____

我們會說你像是

☐ 睡美人　　　☐ 尖叫美人　　　☐ 吸塵器

☐ 神力便便人　　　☐ 小蟲蟲

☐ 其他：_____

父母老實說

我們會形容自己是

☐ 缺乏睡眠的殭屍

☐ 離不開家裡的穴居人

☐ 懂得組織各種分齡活動的營長

☐ 被魔術師切成兩半的助手

☐ 順其自然的逐浪人

☐ 嚴謹記錄進食、便便和睡眠狀態的科學家

☐ 有兩個好孩子的人生勝利組

☐ 其他：＿＿＿＿＿＿＿＿＿＿＿＿＿

更多想法和細節：＿＿＿＿＿＿＿＿＿＿＿＿＿

＿＿＿＿＿＿＿＿＿＿＿＿＿＿＿＿＿＿＿＿＿

＿＿＿＿＿＿＿＿＿＿＿＿＿＿＿＿＿＿＿＿＿

＿＿＿＿＿＿＿＿＿＿＿＿＿＿＿＿＿＿＿＿＿

＿＿＿＿＿＿＿＿＿＿＿＿＿＿＿＿＿＿＿＿＿

＿＿＿＿＿＿＿＿＿＿＿＿＿＿＿＿＿＿＿＿＿

大寶老實說

那是寶寶？我以為我會有個

☐ 玩伴   ☐ 競爭對手   ☐ 要教的學生

☐ 可以管的小人   ☐ 縮小版的自己

結果我得到的是

☐ 一個絨毛動物玩具   ☐ 小狗狗   ☐ 扮裝娃娃

☐ 可以搔癢的人   ☐ 我自己的寶寶   ☐ 爸媽不讓我玩的東西

☐ 其他：＿＿＿＿＿＿＿＿＿＿＿＿＿

當哥哥／姐姐沒那麼難，除了得要

☐ 分享玩具   ☐ 分享媽媽   ☐ 分享爸爸

☐ 當寶寶在＿＿＿＿＿＿＿＿＿＿＿＿的時候要等待

☐ 寶寶睡著的時候要安靜

☐ 其他：＿＿＿＿＿＿＿＿＿＿＿＿＿

更多想法和細節：＿＿＿＿＿＿＿＿＿＿＿＿＿＿＿＿＿＿＿＿＿

＿＿＿＿＿＿＿＿＿＿＿＿＿＿＿＿＿＿＿＿＿＿＿＿＿＿＿＿＿＿＿＿

＿＿＿＿＿＿＿＿＿＿＿＿＿＿＿＿＿＿＿＿＿＿＿＿＿＿＿＿＿＿＿＿

＿＿＿＿＿＿＿＿＿＿＿＿＿＿＿＿＿＿＿＿＿＿＿＿＿＿＿＿＿＿＿＿

大寶和寶寶

大寶現在 _____ 歲

大寶稱呼寶寶為 _____

_____

大寶喜歡寶寶的地方：_____

_____

大寶喜歡幫忙寶寶的地方：_____

_____

大寶等不及要跟寶寶一起做的事：_____

_____

大寶和寶寶的有趣故事：_____

_____

即便你還小，大寶為你做這些事的時候很開心……

☐ 跟你靠在一起　　　☐ 唱歌給你聽　　　☐ 讀書給你聽

☐ 照顧你　　　　　　☐ 其他：_____

運用這頁空白做任何想做的事

（現在或以後都可以！）

畫圖、和寶寶一起蓋手印、寫封信給寶寶，或寫下未來的想法

日期：＿＿＿＿＿＿＿＿＿＿＿＿＿＿＿＿

寶寶的第一餐

母乳是寶寶的唯一營養來源嗎？

寶寶

☐ 對，好喝！　　☐ 對，但我喜惡交雜　　☐ 幾乎是，但我會覺得餓

☐ 不是，我不喜歡　☐ 其他：＿＿＿＿＿＿＿＿＿＿

媽媽

☐ 對，這很容易　☐ 對，但很具挑戰　☐ 我同時也餵配方奶

☐ 不，完全行不通　☐ 其他：＿＿＿＿＿＿＿＿＿

寶寶的進食風格是

☐ 狼吞虎嚥　　　☐ 好好吸吮　　　☐ 吃吃睡睡

☐ 挑剔（不了，謝謝，等會兒再說）　☐ 喝得快、吐得快

☐ 綜合以上全部，不同的時間點都不一樣　☐ 其他：＿＿＿＿＿

餵奶時讓你保持清醒的方法有

☐ 拉拉你的腳　　　☐ 打開窗戶　　　☐ 製造各種聲音

☐ 在餵奶時總是醒著　☐ 脫掉你的連身衣，你會因清涼而醒著

最喜歡的溢奶故事或餵奶的細節：＿＿＿＿＿＿＿＿＿＿

＿＿＿＿＿＿＿＿＿＿＿＿＿＿＿＿＿＿＿＿＿＿＿＿

> 睡吧，我的愛。
> —— 羅伯特·白朗寧 (Robert Browning)

 寶寶入夢鄉

你睡著時，我們猜想

☐ 你會睡多久　　　　　☐ 你夢見什麼

☐ 藏在那美好睡顏的背後是什麼

☐ 為什麼突然就從熟睡中醒來尖叫

☐ 什麼時候我們才能感受平靜熟睡的滋味

☐ 我們終於睡著時，大寶會不會把我們喊醒

☐ 其他：＿＿＿＿＿＿＿＿＿＿＿＿＿

到了睡覺時間，大寶會幫忙嗎？＿＿＿＿＿＿＿＿＿＿

＿＿＿＿＿＿＿＿＿＿＿＿＿＿＿＿＿＿＿＿＿＿＿＿

大寶不乖乖睡覺的理由：＿＿＿＿＿＿＿＿＿＿＿＿＿

＿＿＿＿＿＿＿＿＿＿＿＿＿＿＿＿＿＿＿＿＿＿＿＿

＿＿＿＿＿＿＿＿＿＿＿＿＿＿＿＿＿＿＿＿＿＿＿＿

還有誰會睡著？

☐ 沒有人　　　☐ 大寶　　　☐ 爸爸

☐ 媽媽　　　☐ 看情況：＿＿＿＿＿＿＿＿

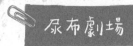
尿布劇場

我們雖然經歷過尿布訓練，但挑戰來自於

☐ 換兩個小孩的尿布

☐ 換寶寶的尿布並進行大寶的如廁訓練

☐ 換尿布的時候，要壓著男寶寶的小弟弟

☐ 除了要帶足夠的尿布，還得為孩子們準備額外的衣物

☐ 我們太久沒練習，已忘記 ＿＿＿＿＿＿＿＿＿＿＿＿

☐ 其他：＿＿＿＿＿＿＿＿＿＿＿

最難換尿布的地點：＿＿＿＿＿＿＿＿＿＿＿＿＿＿＿＿＿

＿＿＿＿＿＿＿＿＿＿＿＿＿＿＿＿＿＿＿＿＿＿＿＿＿＿＿

機智問答

當我們用光了尿布但寶寶又該換尿布的話，我們會怎麼做？＿＿＿＿

＿＿＿＿＿＿＿＿＿＿＿＿＿＿＿＿＿＿＿＿＿＿＿＿＿＿＿

我們把寶寶放在換尿布台時，大寶會 ＿＿＿＿＿＿＿＿＿＿＿＿

＿＿＿＿＿＿＿＿＿＿＿，此時我們會怎麼做？＿＿＿＿＿＿

＿＿＿＿＿＿＿＿＿＿＿＿＿＿＿＿＿＿＿＿＿＿＿＿＿＿＿

＿＿＿＿＿＿＿＿＿＿＿＿＿＿＿＿＿＿＿＿＿＿＿＿＿＿＿

唯一恆久不變的事情就是變。

—— 赫拉克利特 (Heraclitus)

寶寶換尿布時，大寶

☐ 躲在其他房間   ☐ 分散寶寶的注意力

☐ 幫忙處理尿布、遞尿布   ☐ 偶爾會換尿布！

☐ 完全不管   ☐ 有人知道發生什麼事嗎？

爸爸換尿布嗎？

☐ 當然   ☐ 有時候換   ☐ 從不

有趣或令人挫折的換尿布經驗： _____

_____

_____

_____

_____

_____

_____

_____

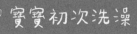

寶寶初次洗澡

洗澡時光最棒的事：_____

_____

洗澡時間是：

☐ 和寶寶交流的美好時光　　☐ 手足的歡樂時段

☐ 折磨人的經驗　　　　　　☐ 視情況而定

更多細節和想法：_____

_____

〔寶寶洗澡快樂量表〕

○　　　　　　　怎麼樣都不想洗澡

○ ○　　　　　　尖叫一分鐘後就冷靜下來

○ ○ ○　　　　　有點不確定，但很享受

○ ○ ○ ○　　　　迫不及待要洗澡

洗澡的挑戰、玩具、設備、故事：_____

_____

有寶寶之後的家庭衛生狀況

 爸媽

找時間抽空洗澡是否有難度？ _____

_____

_____

 大寶

泡澡、淋浴、噴除臭劑或體香劑？ _____

_____

_____

〔大寶洗澡快樂量表〕

○　　　　　　寧願用吸塵器吸一吸就好

○○　　　　　要強迫或利誘才甘願去洗

○○○　　　　超愛洗澡

○○○○　　　會花幾個小時在洗澡上

〔寶寶的骯髒量表〕

◯　　　　　　　你每天洗澡

◯ ◯　　　　　你每隔一天洗澡

◯ ◯ ◯　　　你每隔兩天洗澡

◯ ◯ ◯ ◯　你每週洗一次澡

◯ ◯ ◯ ◯ ◯　在你身上灑香水

放一張寶寶在洗澡的照片

> 有個兩歲的小孩就像有台果汁機，只是你沒有蓋子可蓋上。
> —— 傑瑞·賽恩菲爾德 (Jerry Seinfeld)

養育兩個孩子的生存之道

技巧

☐ 把寶寶包好　　☐ 規劃行程和滿足需要　　☐ 選擇性聽力
☐ 耐心　　　　　☐ 樂觀　　　　　　　　　☐ 恐慌
☐ 其他：_____

困難或簡單？

在孩子做了不該做的事情，卻又超級可愛的時候，父母要擺出生氣的表情，是困難或簡單？_____

_____

要讓寶寶安靜下來，我們會_____

帶兩個小孩最難的地方

☐ 行程不同　　　☐ 需求不同　　　　☐ 兩個都還在包尿布
☐ 兩個都還在喝奶　☐ 為自己留點時間　☐ 其他：_____

更多細節和想法：_____

_____

同時照顧嬰兒和大孩子

☐ 跟邊走路邊嚼口香糖一樣簡單

☐ 就像在浴缸裡建造去火星的太空梭一樣困難

☐ 有點困難但還能應付

☐ 其他：＿＿＿＿＿＿＿＿＿＿＿＿＿＿

我們很訝異我們擅長 ＿＿＿＿＿＿＿＿＿＿＿＿＿＿＿＿＿＿＿

排序糟糕的程度（填入 1、2、3……）

☐ 兩個孩子都生病　　　　　　　☐ 兩個孩子都炸屎了要換尿布

☐ 兩個孩子在公共場合崩潰　　　☐ 其他：＿＿＿＿＿＿＿＿

排序感覺良好的程度（填入 1、2、3……）

☐ 兩個孩子一起開心玩樂　　　　☐ 兩個孩子都睡著了

☐ 兩個孩子在自己身邊依偎著　　☐ 其他：＿＿＿＿＿＿＿＿

更多細節和想法：＿＿＿＿＿＿＿＿＿＿＿＿＿＿＿＿＿＿＿

＿＿＿＿＿＿＿＿＿＿＿＿＿＿＿＿＿＿＿＿＿＿＿＿＿＿＿＿

＿＿＿＿＿＿＿＿＿＿＿＿＿＿＿＿＿＿＿＿＿＿＿＿＿＿＿＿

＿＿＿＿＿＿＿＿＿＿＿＿＿＿＿＿＿＿＿＿＿＿＿＿＿＿＿＿

＿＿＿＿＿＿＿＿＿＿＿＿＿＿＿＿＿＿＿＿＿＿＿＿＿＿＿＿

保持冷靜，繼續前行

一開始最擔心的事：

誰是家裡的操心大王？

我們擔心大寶會

☐ 不小心摔到寶寶　　　　☐ 把寶寶抱得太緊

☐ 咬或打寶寶　　　　　　☐ 試著把寶寶送去別的地方

☐ 餵寶寶吃石頭、巧克力或其他會噎到的東西

☐ 其他：

大寶曾認為或注意到寶寶

☐ 生病了　　　　　　　　☐ 餓了

☐ 無聊　　　　　　　　　☐ 不懂得分享

☐ 霸占所有的注意力　　　☐ 即將被塞回去

☐ 其他：

我們樂於當你的父母的三大理由

1. _____

2. _____

3. _____

大寶樂於當你的哥哥／姐姐的三大理由

1. _____

2. _____

3. _____

更多細節和想法：_____

_____

_____

_____

_____

寶寶運動會

馬拉松睡眠項目，你贏得

☐ 金牌：破紀錄，睡過早上五點才醒來

☐ 銀牌：成功睡了 _____ 小時

☐ 銅牌：在車上睡著，到達目的地時才醒來

☐ 資格不符，因為 _____

短睡項目，你贏得

☐ 金牌：頭才碰到床就醒來了

☐ 銀牌：睡三十秒也算小睡嗎？

☐ 銅牌：個人紀錄是睡了 _____ 小時

☐ 資格不符，因為 _____

喝奶馬拉松項目，你贏得

☐ 金牌：能連續不中斷喝 _____ 小時

☐ 銀牌：喝到媽媽把你移開才停

☐ 銅牌：喝奶斷斷續續，間隔夠睡個二十分鐘

☐ 資格不符，因為 _____

哭鬧項目，你贏得

☐ 金牌：從出生起就哭個不停

☐ 銀牌：似乎沒有什麼東西可以安撫你

☐ 銅牌：要吃東西的時候就不哭

☐ 資格不符，因為 _____

便便項目，你贏得

□ 金牌：每天要換 ＿＿＿＿＿＿＿＿ 片尿布
□ 銀牌：才剛換新尿布，馬上又把尿布弄髒
□ 銅牌：我們能說什麼呢，一切正常運作
□ 資格不符，因為 ＿＿＿＿＿＿＿＿＿＿＿＿＿＿＿

腹瀉短跑項目，你贏得

□ 金牌：尿布和衣服都滲漏遭殃
□ 銀牌：弄髒剛換的、乾淨的尿布
□ 銅牌：等到換了乾淨的新尿布才便便
□ 資格不符，因為 ＿＿＿＿＿＿＿＿＿＿＿＿＿＿＿

耐餓長跑項目，你贏得

□ 金牌：不要親餵也不要瓶餵
□ 銀牌：一餵奶就睡著了
□ 銅牌：把喝的東西都吐光
□ 資格不符，因為 ＿＿＿＿＿＿＿＿＿＿＿＿＿＿＿

放一張照片

寶寶的第一次
全家的第一次

把故事填進空白處

每天都有不同的第一次。你露出微笑這般小事，讓我們覺得神奇和

_____。你的笑聲、尖叫，甚至 _____ 都為我們

帶來歡樂。看著你長大、改變讓人感覺很興奮。你顯現出 _____

的個性。每分每秒你都在進步，愈來愈擅長 _____。當你

對著我們微笑，我們 _____。當你 _____，

我們忍不住 _____。我們永遠會記得你第一次 _____。

你最喜歡做的一件事是 _____，你很喜歡 _____。

全家和你一起成長、轉變。媽媽喜歡和你一起 _____，

而爸爸喜歡和你一起 _____。當你 _____，

哥哥／姐姐覺得你是世界上最可愛的寶寶，也喜歡和你一起 _____。

你喜歡重複做同一件事，有時候你會要我們不停 _____。

我們正發展出一套模式。有時我們每天做的事情就是 _____。

我們喜歡這些和你一起學習、長大的日子。我們一家四口如此精采！

寶寶的第一個笑容

那個笑容

□ 讓我們驚喜 　　　　 □ 讓我們融化

□ 幾乎引起市場裡的所有老奶奶要來逗你

□ 讓我們感覺跟你有更深的連結

□ 讓我們想起了一位深愛的人：＿＿＿＿＿＿＿＿＿＿＿＿＿＿

□ 其他：＿＿＿＿＿＿＿＿＿＿＿＿＿＿

全家的笑容：

你讓哥哥／姐姐露出笑容的時刻：＿＿＿＿＿＿＿＿＿＿＿＿＿

＿＿＿＿＿＿＿＿＿＿＿＿＿＿＿＿＿＿＿＿＿＿＿＿＿＿＿＿＿＿

＿＿＿＿＿＿＿＿＿＿＿＿＿＿＿＿＿＿＿＿＿＿＿＿＿＿＿＿＿＿

你讓父母露出笑容的時刻：＿＿＿＿＿＿＿＿＿＿＿＿＿＿＿＿＿

＿＿＿＿＿＿＿＿＿＿＿＿＿＿＿＿＿＿＿＿＿＿＿＿＿＿＿＿＿＿

＿＿＿＿＿＿＿＿＿＿＿＿＿＿＿＿＿＿＿＿＿＿＿＿＿＿＿＿＿＿

＿＿＿＿＿＿＿＿＿＿＿＿＿＿＿＿＿＿＿＿＿＿＿＿＿＿＿＿＿＿

歡樂時光

會讓你微笑或笑開懷的事情是 _____

_____

你哪裡怕癢？ _____

讓你笑得最開心的玩具是 _____

_____

讓哥哥／姐姐微笑或笑開懷的事情、活動是 _____

_____

讓媽媽微笑或笑開懷的事情、活動是 _____

_____

讓爸爸微笑或笑開懷的事情、活動是 _____

_____

哥哥／姐姐哪裡怕癢？ _____

> 有一個世界，溝通毋須仰賴文字。
>
> —— 瑪麗‧馬丁 (Mary Martin)

寶寶大叫、牙牙學語

你用以下方式，讓我們知道你要什麼……

☐ 尖叫   ☐ 用指的   ☐ 大笑

☐ 哭   ☐ 發脾氣   ☐ 發出聲音

☐ 寶寶手語   ☐ 其他：＿＿＿＿＿＿＿＿

更多細節：＿＿＿＿＿＿＿＿＿＿＿＿＿＿＿

＿＿＿＿＿＿＿＿＿＿＿＿＿＿＿＿＿＿＿＿＿

＿＿＿＿＿＿＿＿＿＿＿＿＿＿＿＿＿＿＿＿＿

創意溝通

我們用哪些方式跟你溝通？

☐ 笑容   ☐ 擁抱   ☐ 說話

☐ 寶寶用語   ☐ 用指的   ☐ 寶寶手語

☐ 其他：＿＿＿＿＿＿＿＿＿＿＿

更多細節：＿＿＿＿＿＿＿＿＿＿＿＿＿＿＿

＿＿＿＿＿＿＿＿＿＿＿＿＿＿＿＿＿＿＿＿＿

＿＿＿＿＿＿＿＿＿＿＿＿＿＿＿＿＿＿＿＿＿

寶寶第一次發出聲音

你第一次發出的聲音是

☐ 含糊不清　　　　　☐ 滔滔不絕　　　　☐ 發出噗噗聲

☐ 堅定、沉默的那型　☐ 其他：_____

更多細節：_____

_____

_____

〔泡泡量表〕

◯　　　　　　　　　你不會吐出泡泡

◯ ◯　　　　　　　　偶爾會有一個大泡泡

◯ ◯ ◯　　　　　　　正常的泡泡，發出很大的噗噗聲

◯ ◯ ◯ ◯　　　　　　泡泡堆積成沫

◯ ◯ ◯ ◯ ◯　　　　你是台標準的泡泡機

你是社交花蝴蝶嗎？
選是或否

是／否　你喜歡傳飛吻　　　　　是／否　你喜歡揮手說掰掰

是／否　你會唱兒歌　　　　　　是／否　你很會跟人玩拍手遊戲

是／否　你不喜歡表演

> 人類發明語言，以滿足內心深處對抱怨的需求。
>
> —— 莉莉・湯琳 (Lily Tomlin)

全家牙牙學語

有時候我們很傻氣，用以下方式和你溝通

☐ 用說的、用手指出來
☐ 從丹田發出「噗噗」的聲音
☐ 模仿你發出的聲音
☐ 跟你一起笑

☐ 吹泡泡
☐ 搔你癢
☐ 發出聲音讓你模仿
☐ 對你唱歌

你最喜歡以上哪一種方式？ _____

_____

哥哥／姐姐和你用什麼特殊方式溝通？ _____

_____

全家是否有喜歡唱的歌？ _____

_____

_____

更多細節： _____

_____

你一開始會說的字詞有 _____

_____

你第一次說「爸爸」，我們的感覺是 _____

你第一次說「媽媽」，我們的感覺是 _____

你用哪些一個字來表達單詞的意思？（例如用「匙」來表示湯匙） _____

_____

你第一個和最喜歡的字詞分別是什麼？表達方法？ _____

_____

寶寶最初怎麼說以下這些詞？

媽媽： _____　　爸爸： _____

大寶： _____　　牛奶： _____

最喜歡的玩具： _____　　寵物或絨毛娃娃： _____

祖母、祖父或其他喜歡的人： _____

全家說寶寶用語

和寶寶說話時，媽媽、爸爸或大寶是否會用寶寶用語？是的話，寶寶用語

有哪些？ _____

大寶最喜歡的表達方式和談論的事情：_____

_____

媽媽、爸爸或大寶彼此間的暱稱或寶寶用語，是否會不小心出現在日常對

話中？ _____

_____

有時我們要談論私事，不想讓大寶和寶寶知道，我們會

☐ 講暗語　　　　☐ 用拼音　　　☐ 說 _____

☐ 手語　　　　　☐ 直到旁邊沒有其他人才說出來

☐ 我們沒什麼不能讓大家知道的　　☐ 其他：_____

和寶寶溝通的更多細節：_____

_____

和朋友心靈交流後，便是完美的一天。
—— 嘉莉‧雅各布斯‧邦德 (Carrie Jacobs Bond)

 寶寶的第一批朋友

你的第一批朋友是 _____

_____

你們是怎麼認識的？ _____

_____

你喜歡和朋友一起做什麼事？ _____

_____

放一張寶寶和朋友在一起的照片

大寶和寶寶的友誼

手足間的親密徵兆

	有	無	可能有
靠在一起看書	☐	☐	☐
一起玩躲貓貓	☐	☐	☐
一起大笑	☐	☐	☐
說些只有他們懂的玩笑	☐	☐	☐
互相摔來摔去	☐	☐	☐
一起玩	☐	☐	☐

其他：＿＿＿＿＿＿＿＿＿＿＿＿

大寶喜歡和寶寶一起做的事情有＿＿＿＿＿＿＿＿＿＿

＿＿＿＿＿＿＿＿＿＿＿＿＿＿＿＿＿＿＿＿＿＿＿＿＿

＿＿＿＿＿＿＿＿＿＿＿＿＿＿＿＿＿＿＿＿＿＿＿＿＿

更多細節：＿＿＿＿＿＿＿＿＿＿＿＿＿＿＿＿＿＿＿＿

＿＿＿＿＿＿＿＿＿＿＿＿＿＿＿＿＿＿＿＿＿＿＿＿＿

大寶表現得像是寶寶的

☐ 好夥伴　　☐ 保護者　　☐ 對手　　　☐ 老闆

☐ 模範　　　☐ 啦啦隊隊長　☐ 做壞事的同夥

> 有一起做蠢事的朋友是幸運的。
> ——拉爾夫‧沃爾多‧愛默生 (Raiph Waido Emerson)

朋友如同家人

因為大寶而認識的朋友，一同經歷美好回憶或有趣的故事：

....

....

和老朋友、家人或其他生命中重要的人，一同經歷美好回憶或有趣的故事：

....

....

其他好友（可以包括寵物、絨毛娃娃和想像中的朋友）：

....

....

我們需要保母嗎？

☐ 我們出門工作的時候，需要有人來照顧你

☐ 我們偶爾晚上要出門時，需要有個人來幫忙照顧你

☐ 目前我們沒辦法把你留給其他人照顧

☐ 你的哥哥／姐姐是我們的保母！

☐ 其他：＿＿＿＿＿＿＿＿＿＿＿＿＿＿

我們最喜歡的保母是＿＿＿＿＿＿＿＿＿＿＿＿＿＿＿＿＿＿＿＿

因為＿＿＿＿＿＿＿＿＿＿＿＿＿＿＿＿＿＿＿＿＿＿＿＿＿＿

＿＿＿＿＿＿＿＿＿＿＿＿＿＿＿＿＿＿＿＿＿＿＿＿＿＿＿＿

＿＿＿＿＿＿＿＿＿＿＿＿＿＿＿＿＿＿＿＿＿＿＿＿＿＿＿＿

更多細節：＿＿＿＿＿＿＿＿＿＿＿＿＿＿＿＿＿＿＿＿＿＿＿

＿＿＿＿＿＿＿＿＿＿＿＿＿＿＿＿＿＿＿＿＿＿＿＿＿＿＿＿

＿＿＿＿＿＿＿＿＿＿＿＿＿＿＿＿＿＿＿＿＿＿＿＿＿＿＿＿

保母面試暗號是

☐ 面試過程中發簡訊   ☐ 連續抽好幾支菸

☐ 從紙袋拿出零卡可樂來喝   ☐ 對彼此眨眼

☐ 其他：＿＿＿＿＿＿＿＿＿＿＿

> 食物是均衡飲食的重要環節。
> —— 弗蘭・利波維茲 (Fran Liebowitz)

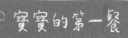 寶寶的第一餐

任何有關餵奶的細節、想法或故事：＿＿＿＿＿＿＿＿＿＿＿＿＿＿＿＿＿＿

＿＿＿＿＿＿＿＿＿＿＿＿＿＿＿＿＿＿＿＿＿＿＿＿＿＿＿＿＿＿＿＿＿＿

最不容易親餵或瓶餵的地點：＿＿＿＿＿＿＿＿＿＿＿＿＿＿＿＿＿＿＿＿

寶寶的營養餐盤

寶寶第一次拿奶瓶　（可以是母乳、水或配方奶）

日期：＿＿＿＿＿＿＿＿＿＿

讓你自己拿奶瓶的情況是

☐ 像強迫素食者吃蟲　　☐ 就像擁抱一樣簡單

☐ 像從沒拿過奶瓶　　　☐ 其他：＿＿＿＿＿＿＿＿＿＿

全家人的飲食

當你睡不飽、沒時間又很餓時，你會選擇吃什麼？

☐ 吐司　　　　　　　　☐ 外帶餐點　　☐ ＿＿＿＿＿ 口味的麥片

☐ 自己煮 ＿＿＿＿＿＿　☐ 其他：＿＿＿＿＿＿＿

全家人的營養餐盤

將你吃的東西填進空白處，以下提供了一些選項。

☐ 外帶餐點　　☐ 剩菜　　　☐ 麥片

☐ 液態食物　　☐ 寶寶食物　☐ 冰箱裡可以找到的任何東西

第一次吃固體食物

何時？

_____

_____

吃了什麼？

_____

_____

你表現得像

☐ 熊爸爸：餵我！多一點！快一點！

☐ 熊媽媽：好的，我會試試看

☐ 熊寶寶：嗯，把那個東西拿遠一點

☐ 其他：_____

更多細節、故事或照片：_____

_____

_____

_____

_____

看看我們！

大寶的進食模式是

☐ 我不想吃　　　　☐ 好吧，如果一定要吃的話

☐ 我全都要　　　　☐ 我要我自己的、你的和大家的

大寶在吃飯時的角色是

☐ 廚房助手　　　　☐ 訂出菜單的人

☐ 服務生　　　　　☐ 客人

☐ 美食評論家　　　☐ 不受控的老顧客

大寶愛吃的食物：＿＿＿＿＿＿＿＿＿＿＿＿＿＿＿＿

＿＿＿＿＿＿＿＿＿＿＿＿＿＿＿＿＿＿＿＿＿＿＿＿＿

大寶討厭的食物：＿＿＿＿＿＿＿＿＿＿＿＿＿＿＿＿

＿＿＿＿＿＿＿＿＿＿＿＿＿＿＿＿＿＿＿＿＿＿＿＿＿

大寶過敏的食物或有可能的過敏的食物：＿＿＿＿＿＿

＿＿＿＿＿＿＿＿＿＿＿＿＿＿＿＿＿＿＿＿＿＿＿＿＿

親子友善餐廳有哪些？＿＿＿＿＿＿＿＿＿＿＿＿＿＿

＿＿＿＿＿＿＿＿＿＿＿＿＿＿＿＿＿＿＿＿＿＿＿＿＿

寶寶吃飯哀哀叫

你喜歡

☐ 米精　　　　☐ 燕麥　　　　☐ 香蕉　　　　☐ 杏桃

☐ 梨子　　　　☐ 甘藷　　　　☐ 栗子南瓜　　☐ 大麥麥片

☐ 蘋果泥　　　☐ 酪梨　　　　☐ 桃子　　　　☐ 豆子

☐ 櫛瓜

☐ 其他：_____

更多細節：_____

_____

你討厭的食物：_____

_____

你過敏的食物或有可能過敏的食物：_____

_____

_____

除了食物以外，你還愛吃

☐ 玩具　　　　☐ 書　　　　　☐ 奶嘴　　　　☐ 大寶的鞋子

☐ 所有東西　　☐ 其他：_____

> 人生成功的祕訣在於吃你喜歡的食物，讓食物在身體裡奮鬥到底。
>
> —— 馬克·吐溫 (Mark Twain)

大寶幫大忙

寶寶吃東西的時候，大寶會這樣幫忙⋯⋯

☐ 示範該怎麼吃   ☐ 讓寶寶分心

☐ 把食物撿回來   ☐ 餵寶寶

☐ 躲起來或忙著做其他事   ☐ 丟食物（有人覺得這算幫忙嗎？）

☐ 其他：＿＿＿＿＿＿＿＿＿＿

有大寶覺得好吃的寶寶食物嗎？＿＿＿＿＿＿＿＿＿

＿＿＿＿＿＿＿＿＿＿＿＿＿＿＿＿＿＿＿＿＿＿

給了糖，還搗蛋！

讓寶寶吃東西的小技巧有哪些？＿＿＿＿＿＿＿＿

＿＿＿＿＿＿＿＿＿＿＿＿＿＿＿＿＿＿＿＿＿＿

以及沒用的方法（而且還讓廚房變成大災難）：＿＿＿

＿＿＿＿＿＿＿＿＿＿＿＿＿＿＿＿＿＿＿＿＿＿

我睡得像個嬰兒，每兩個小時醒來一次。
—— 比利・克里斯托 (Billy Crystal)

第一次睡過夜

☐ 你很好睡　　　　　　　☐ 你很快就入睡，但也很快就醒來

你要如何才會入睡？

☐ 有人和你依偎在床　　　☐ 搖你入睡

☐ 媽媽餵你喝奶　　　　　☐ 有人唱歌給你聽

☐ 爸媽開車載你在附近轉轉　☐ 其他：＿＿＿＿＿＿＿

為了讓寶寶睡著，我們做過頗具創意或令人崩潰的事情：＿＿＿＿＿

＿＿＿＿＿＿＿＿＿＿＿＿＿＿＿＿＿＿＿＿＿＿＿＿＿＿＿＿＿＿

喜歡的尿布、絨毛玩具或安撫的東西：＿＿＿＿＿＿＿＿＿＿＿＿＿

＿＿＿＿＿＿＿＿＿＿＿＿＿＿＿＿＿＿＿＿＿＿＿＿＿＿＿＿＿＿

放一張寶寶入睡的照片

父母的漫漫長夜

〔睡眠量表〕

◯　　　　　　　　睡覺是什麼？

◯◯　　　　　　　睡眠沒那麼重要

◯◯◯　　　　　　我會在把你送托的時候睡覺

◯◯◯◯　　　　　我需要小睡十分鐘來補足我的睡眠

◯◯◯◯◯　　　　睡眠不受影響

如果我們寫一本有關睡眠習慣的書，那麼書名會是

☐ 長久不入睡　　　　　　☐ 大家都聽你尖叫

☐ 我起來九次了，輪到你了　☐ 殭屍啟示錄

☐ 美妙的睡眠　　　　　　☐ 永無止境的夜晚

☐ 其他：_____

我們如何找尋建議？

☐ 找書　　　　　　　　　☐ 網路

☐ 朋友或親戚　　　　　　☐ 我們不需要任何建議

☐ 其他：_____

更多細節（例如：必備的書）：_____

_____

寶寶的就寢儀式

我們怎麼讓寶寶入睡？_____

_____

上床睡覺前，大寶和寶寶是否像個雙人組合？他們會一起刷牙、一起做其

他事情，或是各做各的呢？_____

_____

你最喜歡的就寢時光：_____

_____

我們最喜歡的就寢時光是_____

_____

你最喜歡的故事、書或搖籃曲：_____

_____

寶寶認為書是

☐ 可以咬的玩具　　☐ 把人聚在一起的好東西

☐ 什麼是書？　　☐ 其他：_____

全家人的就寢儀式

大寶如何入睡？ _____

_____

大寶最喜歡的就寢時光： _____

_____

大寶夢想中的就寢時光包含

☐ 在床上跳來跳去　　☐ 讀書

☐ 和人依偎在一起　　☐ 洗澡

☐ 和 3C 產品一起（看電視、打電動、玩手機的應用程式）

爸媽對寶寶的睡眠策略相同嗎？ _____

_____

（以下請勾選）

	媽媽喜歡	爸爸喜歡
哄你入眠		
自行入睡		
混合以上兩種方式		
其他：_____		

你第一次睡過夜，我們

☐ 想看電視　　　　　　　　☐ 清醒的躺著，盯著天花板看

☐ 安然入睡　　　　　　　　☐ 熬夜等著你醒來

☐ 還在跟大寶奮戰　　　　　☐ 其他：＿＿＿＿＿＿＿＿＿＿

那晚，大寶

☐ 半夜有醒來　　　　　　　☐ 睡著了

☐ 不太確定　　　　　　　　☐ 其他：＿＿＿＿＿＿＿＿＿＿

你第一次睡過夜，我們覺得

☐ 純屬意外　　　　　　　　☐ 是個奇蹟

☐ 我們是不是抱錯小孩了　　☐ 你是不是有什麼不舒服

☐ 該慶祝一下！終於可以回歸正常生活了（對吧？）

☐ 其他：＿＿＿＿＿＿＿＿＿＿＿＿＿＿

寶寶終於睡著了，我們會

☐ 一起吃晚餐、聊聊　　　　☐ 看電視

☐ 癱著不動　　　　　　　　☐ 洗衣服、做其他家事

☐ 其他：＿＿＿＿＿＿＿＿＿＿＿＿＿

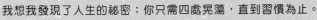

邁向獨立的第一步

你把頭抬起來

細節：_____

你翻身了

細節：_____

你坐起來

細節：_____

你開始爬行

細節：_____

☐ 傳統型　　☐ 往後爬　　☐ 用肚子爬　　☐ 其他：_____

你揮手掰掰／送出飛吻

細節：_____

你開始探索

細節：_____

最愛的探索地點 _____

寶寶的第一步

在哪裡、誰在照看？ _____

_____

寶寶是怎麼走的？

☐ 走了一步就跌倒　　☐ 走了幾步，然後小心的、有計畫的跌倒

☐ 地板上的奇怪舞蹈　☐ 從 A 點到 B 點的完美之旅

☐ 其他（用自己的語彙描述）： _____

寶寶感覺

☐ 刺激　　　☐ 很高興終於結束了

☐ 驚喜　　　☐ 不感興趣

☐ 其他： _____

寶寶何時開始走路？ _____

_____

_____

家庭的進展和重要事件

大寶

最近發生什麼事？大寶是否發生什麼重要事件或有所進步？ _____

_____

_____

_____

_____

_____

爸媽

最近發生什麼事？是否發生什麼重要事件或有所進步？ _____

_____

_____

_____

_____

避免寶寶鬧脾氣

鬧脾氣前，你有什麼徵兆？ _____

_____

在什麼情況下，你有可能生氣？ _____

_____

我們的預防措施是

☐ 換話題　　　　　☐ 拿出棒棒糖　　　　☐ 唱歌

☐ 拿出電子產品　　☐ 輕搖鑰匙或拿其他可以分心的物品

☐ 開車兜風　　　　☐ 其他：_____

大寶會做什麼讓寶寶開心？ _____

_____

當你闖禍了，我們會怎麼稱呼你？ _____

_____

> 生命中充滿了考驗勇氣的時刻，帶小孩走進鋪著白色地毯的房子，就是其中之一。
>
> —— 爾瑪・邦貝克 (Erma Bombeck)

避免全家發脾氣

什麼事會讓大寶動怒？

_____

_____

什麼事會讓媽媽生氣？

_____

_____

什麼事會讓爸爸生氣？

_____

_____

我們用什麼方法冷靜下來？

☐ 數到十　　　☐ 唱兒歌　　　☐ 抓頭髮

☐ 當場發脾氣，然後冷靜　　☐ 其他：_____

可愛力量大

大寶或寶寶是否曾用微笑或說「我愛你」瓦解爸爸和媽媽的怒火？

_____

_____

寶寶第一次剪頭髮 & 第一個造型

當你 _____ 歲 _____ 月時，_____ 幫你剪了第一次頭髮。

你

☐ 很害怕、哭了
☐ 轉頭看來看去，讓我們很緊張
☐ 喜歡注意力都在自己身上

☐ 一直想要拿剪刀
☐ 不在乎的樣子
☐ 其他：_____

我們

☐ 滿是興奮，想看你的新造型
☐ 擔心你會被剪刀戳到
☐ 其他：_____

☐ 擔心你的捲髮長不回來
☐ 很驕傲、驚喜的看到你的成長

你通常留什麼髮型？_____

_____

在此黏貼一束頭髮或放上
剪髮前和剪髮後的照片

寶寶一身時髦的服飾來自於：

☐ 大寶　　　　☐ 二手商店　　　　☐ 最流行的品牌

☐ 網路　　　　☐ 其他：＿＿＿＿＿＿＿＿＿＿＿＿

移動風格

開車

☐ 我們用＿＿＿＿＿＿＿＿＿換了一台＿＿＿＿＿＿＿＿＿

☐ 有了老大後，我們換了大一點的車

☐ 我們還是擠在＿＿＿＿＿＿＿＿＿

☐ 誰需要一台車？　　☐ 其他：＿＿＿＿＿＿＿＿＿

走路

☐ 單人推車（外加輔助踏板）　　☐ 雙人推車（前後型）

☐ 雙人推車（左右並排型）　　　☐ 揹巾

☐ 寶寶在揹巾裡，大寶坐推車

☐ 大寶用走的或＿＿＿＿＿＿＿＿＿

☐ 其他：＿＿＿＿＿＿＿＿＿

有關酷炫推車或車子配備的更多細節：＿＿＿＿＿＿＿＿＿

＿＿＿＿＿＿＿＿＿＿＿＿＿＿＿＿＿＿＿＿＿＿＿＿＿

第一次進行如廁訓練

時間點是何時？我們跟你說了什麼？ _____

_____

你準備好了嗎？

☐ 準備好了　　　　　　　☐ 還沒

更多細節： _____

_____

賄賂和獎勵的物品是

☐ 貼紙　　　　　　　　　☐ M&M's 巧克力（編按：零食／點心）

☐ 看電視或平板　　　　　☐ 錢或禮物

☐ 家庭假期　　　　　　　☐ 特別的兒童內褲

☐ 瞄準練習（男孩專用）　☐ 其他： _____

大寶是否幫上忙或提供建議？ _____

_____

更多細節和故事： _____

_____

父母的語言

曾在照顧孩子的時候脫口說粗話嗎？_____

_____

有趣的故事？_____

_____

用來代替粗話的詞：

☐ 大便～當！ ☐ 幹～什麼！ ☐ 靠～邊走！

☐ 草泥馬！ ☐ 他媽～媽的！ ☐ 馬的～眼睛！

☐ 其他：_____

大寶的語言

大寶是否會用什麼你希望寶寶不要學的「不好的詞彙」？_____

_____

（注意：這是家庭記錄本，請用縮寫、代號或勾選以下選項作為代稱）

☐ *&^%* ☐ 嗶嗶嗶

愛可以改變一個人，如同父母可以改變寶寶，只是很奇怪的，這通常伴隨著許多混亂。

——雷蒙尼・史尼奇 (Lemony Snicket)

如廁訓練之路

在外面遇過最髒的廁所是

☐ 火車站的廁所   ☐ 超級市場或便利商店的廁所

☐ 麥當勞或其他速食店的廁所   ☐ 流動廁所

☐ 其他：＿＿＿＿＿＿＿＿＿＿＿＿＿

旅遊時會帶著兒童便盆嗎？＿＿＿＿＿＿＿＿＿＿＿

＿＿＿＿＿＿＿＿＿＿＿＿＿＿＿＿＿＿＿＿＿＿＿＿

如廁訓練的有趣（或不有趣）故事：＿＿＿＿＿＿＿＿

＿＿＿＿＿＿＿＿＿＿＿＿＿＿＿＿＿＿＿＿＿＿＿＿

如廁訓練為期多久？＿＿＿＿＿＿＿＿＿＿＿＿＿＿

＿＿＿＿＿＿＿＿＿＿＿＿＿＿＿＿＿＿＿＿＿＿＿＿

是否有祕訣或技巧讓如廁訓練進行的特別順利？＿＿＿

＿＿＿＿＿＿＿＿＿＿＿＿＿＿＿＿＿＿＿＿＿＿＿＿

＿＿＿＿＿＿＿＿＿＿＿＿＿＿＿＿＿＿＿＿＿＿＿＿

運用這頁空白做任何想做的事

（留下回憶、細節、想法、照片、圖畫，或貼紙也行）

放一張照片

細數全家的第一次

回首過去，最喜歡哪些「第一次」？

我們是
四口之家了

把故事填進空白處

在你到來以前，你就像是個謎，現在你則是個珍寶！我們無法想像沒有你

的生活。你是那麼 _____，

且充滿 _____。我們喜歡一同做許多事，像是

_____ 和 _____。

你最喜歡去的地方之一是 _____。

你喜愛 _____，且天生就擅長 _____。

你和哥哥／姐姐喜歡一起 _____。現在你長大了一點，

開始享受 _____。

我們的美好回憶之一是一起 _____

_____

_____。

你以 _____ 的方式改變了我們的生活。我們期待此生

一同創造回憶和冒險。我們已尋獲豐盛的幸福，現在我們是四口之家了！

我們變得時常

☐ 叫錯孩子的名字。急著喊一個孩子時，
　　會脫口而出喊成另一個孩子的名字

☐ 在家和任何其他地方，會大聲唱出兒歌

☐ 吃小孩的磨牙餅乾、米餅當零食

☐ 一心多用

☐ 總是讓彼此笑開懷

☐ 其他：＿＿＿＿＿＿＿＿＿＿＿＿＿

放一張我們
一家四口的照片

> 我用家庭的愛來支撐自己。
> —— 馬雅・安傑洛 (Maya Angelou)

我們還沒成為一家四口時,你就像個謎,我們好奇

☐ 你會是什麼樣子　　　　☐ 我們要如何手忙腳亂的做好每件事

☐ 你會像誰　　　　　　　☐ 其他:＿＿＿＿＿＿＿＿＿＿＿

我們還沒成為一家四口時,我們擔心

☐ 沒有足夠的愛分給兩個孩子　☐ 沒有足夠的時間照料兩個孩子

☐ 沒有足夠的金錢養育兩個孩子　☐ 其他:＿＿＿＿＿＿＿＿＿

但現在我們一家四個人,就像

☐ 駕駛愛之船,我們有足夠的愛　☐ 開了間戲院,充滿戲劇性

☐ 馬戲團演出,時常手忙腳亂

☐ 一家一菜聚會,每個人把特有的菜餚帶上桌

☐ 其他:＿＿＿＿＿＿＿＿＿＿＿

現在我們成了一家四口,我們對此充滿感恩,因為

☐ 你成為一個很棒的人　　　　☐ 你為家裡帶來了許多歡樂

☐ 你顛覆了我們的世界(往好的方向!)

☐ 其他:＿＿＿＿＿＿＿＿＿＿＿

外出活動（或在家）

我們是哪一種家庭？（有的家庭適用多個選項）

外出

☐ **A.** 我們有機會就出門，因為

    ☐ 這樣寶寶才會睡覺

    ☐ 這樣孩子才會好好相處

    ☐ 我們時常出門，但有時會把一個孩子忘在店裡

    ☐ 出門太好玩了，我們喜歡冒險！

    ☐ 其他：＿＿＿＿＿＿＿＿＿＿

☐ **B.** 出門會是個挑戰，因為

    我們準備好要出門時，總有孩子

    ☐ 睡著了

    ☐ 又餓了

    ☐ 需要換尿布

    ☐ 其他：＿＿＿＿＿＿＿＿＿＿

☐ **C.** 我們喜歡待在家，因為

    ☐ 可以一起做計畫（像是寫家庭記錄本）

    ☐ 窩著看書

    ☐ 玩＿＿＿＿＿＿＿＿＿＿

    ☐ 其他：＿＿＿＿＿＿＿＿＿＿

> 我已經找到給孩子建議的最好方法：找出他們想要什麼，
> 然後告訴他們去做那件事。
>
> ——哈瑞·S·杜魯門 (Harry S. Truman)

外出用餐

☐ 孩子們表現完美，讓所有人都喜歡

☐ 小孩老是大吵大鬧，沒辦法好好吃完一頓飯

☐ 小孩在餐廳放聲尖叫，讓顧客都走光了

☐ 其他：＿＿＿＿＿＿＿＿＿＿＿＿＿＿＿＿

看電影

☐ 不會打擾到別人的神奇家庭

☐ 因為無法準時出門，遲到入場

☐ 在電影播放二十分鐘後走出影廳，因為＿＿＿＿＿＿＿＿＿＿

☐ 小孩放聲大叫、丟爆米花

☐ 不會走進電影院的家庭

☐ 試著在家看電影但以睡著告終

照顧者實況 （選出所有符合的選項）

	媽媽	爸爸	大寶
寶寶睡著時，去確認寶寶是否還在呼吸	☐	☐	☐
寶寶開始哭時會立刻注意到	☐	☐	☐
詢問寶寶是否可以還回去	☐	☐	☐
還沒起床時，讓寶寶自行安撫自己	☐	☐	☐
在滿屋子小孩中，認出自己寶寶的哭聲	☐	☐	☐
扮鬼臉或搔寶寶癢，讓寶寶開心	☐	☐	☐
對於其他父母放任寶寶哭泣而感到生氣， 最後才發現在哭的是自己的寶寶	☐	☐	☐

只有大寶時，我們

☐ 成天緊張兮兮　　　　　☐ 像夢遊者

☐ 幸福的相當無知　　　　☐ 其他：＿＿＿＿＿＿

現在我們

☐ 成天緊張兮兮　　　　　☐ 相當放鬆

☐ 介於以上兩者之間　　　☐ 有時緊張有時放鬆

☐ 其他：＿＿＿＿＿＿＿＿＿＿

若第一個小孩把奶嘴丟在地上，你會拿去消毒。
若第二個孩子把奶嘴丟在地上，你會叫狗去撿。

——布魯斯·蘭斯基 (Bruce Lansky)

當我們一家三個人

之前，寶寶的食物掉到地上時

☐ 我們會把食物丟掉　　　　　☐ 我們會把食物丟掉並消毒整個廚房

☐ 其他：＿＿＿＿＿＿＿＿＿＿＿

現在，寶寶的食物或奶嘴掉到地上時

☐ 我們會撿起來給寶寶

☐ 我們遵循食物掉到地上五秒鐘可以吃的法則

☐ 我們就讓食物留在地上，直到有人去吃、去撿或去清理

☐ 寶寶會跟狗狗一起分享（如果寶寶先撿到的話）

☐ 我們會把食物丟掉

學到的課題

☐ 五秒鐘法則變成了五天法則　　☐ 殺不死你的會讓你更強壯

☐ 微生物有助打造免疫系統　　　☐ 寶寶比我們想得更具韌性

更多細節和想法：＿＿＿＿＿＿＿＿＿＿＿＿＿＿＿＿＿＿

手足之情／手足之亂

隨著時間經過，哥哥／姐姐將你視為

☐ 最好的朋友　　　　☐ 煩人的傢伙

☐ 可以打扮的娃娃　　☐ 要教導的學生

☐ 競爭者　　　　　　☐ 需要照料的人

☐ 其他：＿＿＿＿＿＿＿＿＿＿＿

現在對你來說，哥哥／姐姐是

☐ 搖滾樂手　　　　　☐ 競爭對手

☐ 教練　　　　　　　☐ 老闆

☐ 最好的朋友　　　　☐ 另一個爸爸或媽媽

☐ 其他：＿＿＿＿＿＿＿＿＿＿＿

更多細節和想法：＿＿＿＿＿＿＿＿＿＿＿＿＿＿＿＿＿＿＿＿

＿＿＿＿＿＿＿＿＿＿＿＿＿＿＿＿＿＿＿＿＿＿＿＿＿＿＿＿＿＿

＿＿＿＿＿＿＿＿＿＿＿＿＿＿＿＿＿＿＿＿＿＿＿＿＿＿＿＿＿＿

＿＿＿＿＿＿＿＿＿＿＿＿＿＿＿＿＿＿＿＿＿＿＿＿＿＿＿＿＿＿

＿＿＿＿＿＿＿＿＿＿＿＿＿＿＿＿＿＿＿＿＿＿＿＿＿＿＿＿＿＿

＿＿＿＿＿＿＿＿＿＿＿＿＿＿＿＿＿＿＿＿＿＿＿＿＿＿＿＿＿＿

帶兩個孩子比帶一個容易，因為他們會玩在一起。當你只有一個孩子時，你也在台上表演。當你有兩個孩子時，你只是帶位的工作人員。

——克里斯・洛克 (Chris Rock)

大寶和寶寶相似的地方：

大寶和寶寶不同的地方：

大寶和寶寶喜歡一起做的事情：

更多有趣的故事和回憶：

更多有關這對手足

大寶教寶寶的事有

☐ 如何扮鬼臉   ☐ 如何吃蔬菜

☐ 如何刷牙   ☐ 如何從 1 數到 10

☐ 唸 ABC 和唱令人開心（有時候煩人）的歌曲，

    例如：_____

☐ 如何 _____

☐ 如何 _____

我們希望大寶不要教寶寶的事有

☐ 不好的用語   ☐ 如何翻出嬰兒床

☐ 如何偷溜進我們的房間   ☐ 如何不吃蔬菜

☐ 如何翻出衣服

☐ 如何 _____

☐ 如何 _____

更多細節、想法或故事：_____

_____

_____

_____

把人生比做餅乾，姐妹就是巧克力碎片。

——作者不明

寶寶引發大寶的

☐ 傻氣　　　☐ 競爭心態　　　☐ 善意和照顧

☐ 慷慨　　　☐ 保護欲　　　　☐ 怒火

☐ 耐心　　　☐ 其他：＿＿＿＿＿＿＿＿

哥哥／姐姐給你的信或圖畫　（可在任何時間完成）

日期：＿＿＿＿＿＿＿＿＿

＿＿＿＿＿＿＿＿＿＿＿＿＿＿＿＿＿＿＿＿＿＿＿

＿＿＿＿＿＿＿＿＿＿＿＿＿＿＿＿＿＿＿＿＿＿＿

＿＿＿＿＿＿＿＿＿＿＿＿＿＿＿＿＿＿＿＿＿＿＿

＿＿＿＿＿＿＿＿＿＿＿＿＿＿＿＿＿＿＿＿＿＿＿

＿＿＿＿＿＿＿＿＿＿＿＿＿＿＿＿＿＿＿＿＿＿＿

我的手用來抱你以前，是拿來做什麼的？
—— 雪維亞·普拉絲 (Sylvia Plath)

 加倍去愛

 媽媽

我喜歡當媽媽，因為 _____

_____

但很難調適的地方是

☐ 沒有休息時間　　　　　　　☐ 要接受兩個小老闆的指令

☐ 處理變動的行程　　　　　　☐ 平均分配給孩子的注意力

☐ 和爸爸、大寶單獨相處的時間變少　☐ 不停的擔任裁判的角色

☐ 其他：_____

爸爸

我喜歡當爸爸，因為 _____

_____

但很難調適的地方是

☐ 沒有休息時間　　　☐ 另一半偏心　　　☐ 處理變動的行程

☐ 不停的擔任裁判的角色　　☐ 和媽媽、大寶單獨相處的時間變少

☐ 缺乏組織的工作環境　　☐ 其他：_____

> 我做的事和我的夢裡都有你。
> —— 伊莉莎白・巴雷特・白朗寧 (Elizabeth Barrett Browning)

完美版本

 媽媽

如果我沒有孩子，可能不會了解我有多愛另一半的地方：＿＿＿＿＿＿

＿＿＿＿＿＿＿＿＿＿＿＿＿＿＿＿＿＿＿＿＿＿＿＿＿＿＿＿＿＿＿＿

＿＿＿＿＿＿＿＿＿＿＿＿＿＿＿＿＿＿＿＿＿＿＿＿＿＿＿＿＿＿＿＿

讓我的伴侶成為一個好父親的特質是＿＿＿＿＿＿＿＿＿＿＿＿＿＿

＿＿＿＿＿＿＿＿＿＿＿＿＿＿＿＿＿＿＿＿＿＿＿＿＿＿＿＿＿＿＿＿

爸爸

如果我沒有孩子，可能不會了解我有多愛另一半的地方：＿＿＿＿＿＿

＿＿＿＿＿＿＿＿＿＿＿＿＿＿＿＿＿＿＿＿＿＿＿＿＿＿＿＿＿＿＿＿

＿＿＿＿＿＿＿＿＿＿＿＿＿＿＿＿＿＿＿＿＿＿＿＿＿＿＿＿＿＿＿＿

讓我的伴侶成為一個好母親的特質是＿＿＿＿＿＿＿＿＿＿＿＿＿＿

＿＿＿＿＿＿＿＿＿＿＿＿＿＿＿＿＿＿＿＿＿＿＿＿＿＿＿＿＿＿＿＿

你只能夠年輕一次，但可以永遠不成熟。

——戴夫·貝瑞 (Dave Barry)

 媽媽

另一半和寶寶一起做過哪些別人沒試過、有創意或有趣的事情，而我也覺得很可愛？

我喜歡和你一起做那些別人沒試過、有創意或有趣的事情：

爸爸

另一半和寶寶一起做過哪些別人沒試過、有創意或有趣的事情，而我也覺得很可愛、迷人或甜蜜？

我喜歡和你一起做那些別人沒試過、有創意或有趣的事情：

現實 & 父母的超能力

 媽媽

爸爸的教養超能力是什麼？

☐ 是個大力士（能搬器具、小孩之類的）　　☐ 有勇氣處理最困難的情況

☐ 超級值得信賴　　☐ 具有聖人般的耐心

☐ 讓孩子無聊到睡著的超能力　　☐ 不同凡響的有趣

☐ 其他：＿＿＿＿＿＿＿＿＿＿＿＿＿＿＿

爸爸的求生超能力是什麼？

☐ 選擇性聽力　　☐ 全知般的樂觀

☐ 隨時都能睡著的超能力　　☐ 無窮的愛

☐ 相當意外的能為另一半找出時間

☐ 其他：＿＿＿＿＿＿＿＿＿＿＿＿＿＿＿

他能夠幫上一點小忙的地方：＿＿＿＿＿＿＿＿＿＿＿＿＿＿＿

＿＿＿＿＿＿＿＿＿＿＿＿＿＿＿＿＿＿＿＿＿＿＿＿＿＿＿＿＿＿＿

＿＿＿＿＿＿＿＿＿＿＿＿＿＿＿＿＿＿＿＿＿＿＿＿＿＿＿＿＿＿＿

＿＿＿＿＿＿＿＿＿＿＿＿＿＿＿＿＿＿＿＿＿＿＿＿＿＿＿＿＿＿＿

我們不知道自己有多強壯，直到被迫拿出隱藏的力量。

—— 伊莎貝・阿言德 (Isabel Allende)

 爸爸

媽媽的教養超能力是什麼？

☐ 是個大力士（能搬器具、小孩之類的）

☐ 寶寶讀心術：就是知道孩子們需要什麼

☐ 有勇氣處理最困難的情況

☐ 透視能力：閉上眼睛還能唸書給孩子聽

☐ 堅強的外表　　　　　　　☐ 超級有趣

☐ 其他：＿＿＿＿＿＿＿＿＿＿＿

媽媽的求生超能力是什麼？

☐ 選擇性聽力　　　　　　☐ 超人般的忍耐力來撐過漫長的日子

☐ 愛和原諒的超能力　　　☐ 總是保持幽默感

☐ 各種極端狀況下都還能維持外表

☐ 相當意外的能為另一半找出時間

☐ 其他：＿＿＿＿＿＿＿＿＿＿＿

她能夠幫上一點小忙的地方：＿＿＿＿＿＿＿＿＿＿＿＿＿

＿＿＿＿＿＿＿＿＿＿＿＿＿＿＿＿＿＿＿＿＿＿＿＿＿＿

＿＿＿＿＿＿＿＿＿＿＿＿＿＿＿＿＿＿＿＿＿＿＿＿＿＿

＿＿＿＿＿＿＿＿＿＿＿＿＿＿＿＿＿＿＿＿＿＿＿＿＿＿

浪漫驚喜

我們一起進行家庭活動時，感到甜蜜或浪漫的時刻：＿＿＿＿＿＿＿＿＿

＿＿＿＿＿＿＿＿＿＿＿＿＿＿＿＿＿＿＿＿＿＿＿＿＿＿＿＿＿＿＿＿＿

＿＿＿＿＿＿＿＿＿＿＿＿＿＿＿＿＿＿＿＿＿＿＿＿＿＿＿＿＿＿＿＿＿

＿＿＿＿＿＿＿＿＿＿＿＿＿＿＿＿＿＿＿＿＿＿＿＿＿＿＿＿＿＿＿＿＿

＿＿＿＿＿＿＿＿＿＿＿＿＿＿＿＿＿＿＿＿＿＿＿＿＿＿＿＿＿＿＿＿＿

記錄一些特別不浪漫的時刻（對某些人來說，清理嘔吐物實在稱不上浪漫）：

＿＿＿＿＿＿＿＿＿＿＿＿＿＿＿＿＿＿＿＿＿＿＿＿＿＿＿＿＿＿＿＿＿

＿＿＿＿＿＿＿＿＿＿＿＿＿＿＿＿＿＿＿＿＿＿＿＿＿＿＿＿＿＿＿＿＿

＿＿＿＿＿＿＿＿＿＿＿＿＿＿＿＿＿＿＿＿＿＿＿＿＿＿＿＿＿＿＿＿＿

＿＿＿＿＿＿＿＿＿＿＿＿＿＿＿＿＿＿＿＿＿＿＿＿＿＿＿＿＿＿＿＿＿

我們不會記得日子，我們記得的是時光。
—— 切薩雷・帕韋斯 (Cesare Pavese)

留住時光

👦👧 爸媽

此刻我們想留下什麼？

_____

_____

_____

我們想永遠記得哪些和寶寶一起度過的珍貴時光？

_____

_____

_____

我們期待未來和寶寶一起做的事：

_____

_____

_____

_____

_____

一位母親喜悅的發現，一個人愛孩子並非因為那是自己的孩子，而是因為在養育過程中而產生情誼。

—— 加布列‧賈西亞‧馬奎斯 (Gabriel García Márquez)

被你融化

以下是你做過討人喜歡、讓我們融化的事情：_____

_____

你很特別，因為 _____

_____

你是這麼的惹人憐愛，因為 _____

_____

愛上家庭生活

四個人不只如此！我們喜歡一起做的事：_____

_____

我們的家庭不一樣，因為 _____

_____

每日每夜，我們不都很開心嗎？
—— 古斯・卡恩＆雷蒙・伊根 (Gus Kahn & Raymond Egan)

 在家這樣玩

我們喜歡待在家裡，一起做這些事情：＿＿＿＿＿＿＿＿＿＿＿＿

＿＿＿＿＿＿＿＿＿＿＿＿＿＿＿＿＿＿＿＿＿＿＿＿＿＿＿＿＿＿

特別的時刻和回憶：＿＿＿＿＿＿＿＿＿＿＿＿＿＿＿＿＿＿＿＿＿

＿＿＿＿＿＿＿＿＿＿＿＿＿＿＿＿＿＿＿＿＿＿＿＿＿＿＿＿＿＿

＿＿＿＿＿＿＿＿＿＿＿＿＿＿＿＿＿＿＿＿＿＿＿＿＿＿＿＿＿＿

外出這樣玩

有趣的家庭外出活動：＿＿＿＿＿＿＿＿＿＿＿＿＿＿＿＿＿＿＿＿

＿＿＿＿＿＿＿＿＿＿＿＿＿＿＿＿＿＿＿＿＿＿＿＿＿＿＿＿＿＿

＿＿＿＿＿＿＿＿＿＿＿＿＿＿＿＿＿＿＿＿＿＿＿＿＿＿＿＿＿＿

特別的時刻和回憶：＿＿＿＿＿＿＿＿＿＿＿＿＿＿＿＿＿＿＿＿＿

＿＿＿＿＿＿＿＿＿＿＿＿＿＿＿＿＿＿＿＿＿＿＿＿＿＿＿＿＿＿

好玩的一打一

大寶和寶寶在一起時喜歡的活動：
_____
_____
_____
_____

媽媽和寶寶在一起時喜歡的活動：
_____
_____
_____
_____

爸爸和寶寶在一起時喜歡的活動：
_____
_____
_____
_____

> 遊歷世界去尋找美，必須在心中先有美，否則將遍尋不著。
> ── 拉爾夫・沃爾多・愛默生 (Ralph Waldo Emerson)

在家度假／外出旅行／一日遊

一場很棒的家庭旅遊或度假：＿＿＿＿＿＿＿＿＿＿＿＿＿＿＿＿

＿＿＿＿＿＿＿＿＿＿＿＿＿＿＿＿＿＿＿＿＿＿＿＿＿＿＿＿＿＿＿

發生了什麼很棒的事情？＿＿＿＿＿＿＿＿＿＿＿＿＿＿＿＿＿＿＿

＿＿＿＿＿＿＿＿＿＿＿＿＿＿＿＿＿＿＿＿＿＿＿＿＿＿＿＿＿＿＿

任何有挑戰的、有趣的故事：＿＿＿＿＿＿＿＿＿＿＿＿＿＿＿＿＿

＿＿＿＿＿＿＿＿＿＿＿＿＿＿＿＿＿＿＿＿＿＿＿＿＿＿＿＿＿＿＿

放一張度假的照片

> 在愛中的人相信奇蹟。
> —— 伊莉莎白・巴雷特・白朗寧 (Elizabeth Barrett Browning)

父母的二人世界

找出時間讓爸爸和媽媽單獨相處

☐ 不可能　　　　　　☐ 偶爾可行　　　　☐ 不太可能

☐ 在凌晨一點到一點十五分鐘之間有時可行

☐ 我們為彼此保留的時間是 _____

☐ 其他： _____

約會的條件

 爸爸

有小孩前，我的理想約會是 _____

現在則是 _____

媽媽

有小孩前，我的理想約會是 _____

現在則是 _____

現在的我們是哪種情侶？

□ 每隔 _____（一週、一個月、十年）會有一次晚上約會

□ 會在特別的場合出門　　　　□ 我們從不出門約會

□ 小孩入睡後，我們試著一起吃飯

□ 每天我們能和對方說聲「嗨」就不錯了

□ 其他： _____

第一次在家約會（試過在家約會嗎？）

我們

□ 自己做爆米花和看電影　　　　□ 盛裝打扮、叫外賣餐點

□ 在床上野餐　　　　　　　　　□ 點了蠟燭

□ 好好的對話　　　　　　　　　□ 看書、看電視或單純放鬆

□ 其他： _____

這個約會是事先計劃好的，還是臨時起意？ _____

_____

我們晚上有空單獨相處時，通常會 _____

_____

挑戰：你們可以多長時間不談到寶寶？ _____

_____

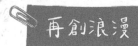
再創浪漫

重新定義夜晚約會：如何才稱得上約會？

電影？

☐ 出門看電影，只有我們兩個人的那種　　☐ 和孩子一起出門看電影

☐ 孩子睡著後，兩人一起窩著　　☐ 放動畫片，然後不管孩子

☐ 看部電影，而孩子都在身邊　　☐ 電影？不要想了

晚餐？

☐ 兩個人出門吃飯

☐ 兩個人在家（有時一個人看著另一個人吃飯，因為太晚了）

☐ 四個人一起家庭約會

☐ 四個人一起吃，小孩在玩電子產品、看書、玩玩具或有人打盹

☐ 在小孩可以玩樂的遊樂場、親子餐廳用餐，讓父母可以聊天

☐ 其他：＿＿＿＿＿＿＿＿＿＿＿＿＿

更多細節、想法、回憶或有趣的故事：＿＿＿＿＿＿＿＿

＿＿＿＿＿＿＿＿＿＿＿＿＿＿＿＿＿＿＿＿＿＿＿＿

＿＿＿＿＿＿＿＿＿＿＿＿＿＿＿＿＿＿＿＿＿＿＿＿

＿＿＿＿＿＿＿＿＿＿＿＿＿＿＿＿＿＿＿＿＿＿＿＿

第一次外出約會！

哇,終於!

大約的日期或年份: _____

我們做了 _____

_____

我們覺得 _____

_____

誰想這麼做?	媽媽	爸爸
馬上打電話回家	☐	☐
衝回去看寶寶	☐	☐
為了以防萬一,不要離家太遠	☐	☐
回家之後裝作若無其事的樣子	☐	☐
好好透透氣	☐	☐
好好享受夜晚	☐	☐
立即計劃下一次約會	☐	☐
其他: _____	☐	☐

此時大寶已經大到可以照顧寶寶了嗎?

☐ 是　　　　☐ 不可能　　　☐ 其他 _____

我們不只有四個人

朋友和家庭

會寵你的人：

你和祖父母、堂親、表親或其他所愛之人享有的回憶、有趣故事或活動：

你和朋友享有的回憶、有趣故事或活動：

重要節日：
我等不及了！

第一個節日、生日，
還有其他更多

把故事填進空白處

我們看著你長大，你是怎麼變得如此 ＿＿＿＿＿＿＿＿＿＿＿＿＿＿＿ ！

看著你的變化讓人驚訝又感覺美妙。你剛出生時，你甚至還不能 ＿＿＿＿＿

＿＿＿＿＿＿＿＿＿＿ ，而現在你 ＿＿＿＿＿＿＿＿＿＿ 。當你還小時，

你好喜歡 ＿＿＿＿＿＿＿＿＿ 。你的第一個生日是 ＿＿＿＿＿＿＿＿

＿＿＿＿＿＿＿ 這樣過的。大家很高興你學會了新把戲和才藝，包括

＿＿＿＿＿＿＿＿＿ 、 ＿＿＿＿＿＿＿ 和 ＿＿＿＿＿＿＿ ，而

且你愈來愈 ＿＿＿＿＿＿＿＿＿ 。和你在一起過節日 ＿＿＿＿＿＿

＿＿＿＿＿＿＿＿ ，感覺很 ＿＿＿＿＿＿＿＿＿＿＿＿＿＿＿ 。

我們在 ＿＿＿＿＿＿＿＿＿＿＿＿＿＿＿ 這個節慶時，享用的食物是

＿＿＿＿＿＿＿＿＿＿＿＿＿＿＿＿ 。在你成長過程中，

如果我們有一件特別的事情要告訴你，那會是 ＿＿＿＿＿＿＿＿＿＿＿

＿＿＿＿＿＿＿＿＿＿＿＿＿＿＿ 。而我們也想告訴你的，我們

有多麼驕傲、喜悅，你是我們的一份子。我們鍾愛彼此並成為四口之家。

寶寶的第一次慶祝活動

為了歡迎寶寶誕生，是否舉辦了任何正式的派對或慶祝活動（例：滿月酒）？

_____

_____

在哪裡舉辦？ _____

有哪些人參與？ _____

_____

寶寶是否感受到這個活動？ _____

任何有趣的禮物？ _____

_____

放一張照片

> 為新的一年歡呼，也為讓我們走上正路的機會歡呼。
> —— 歐普拉．溫芙蕾 (Oprah Winfrey)

 派對時間！

過年、兒童節或其他慶祝活動

寶寶第一次過節是在 _____

_____

有趣的節日或傳統：_____

_____

如何慶祝？_____

_____

_____

寶寶最喜歡的是 _____

_____

更多細節：_____

_____

萬聖節

萬聖節變裝！主題是（全家扮裝風格一致、不一致？）_____

_____

萬聖節的趣事或傳統：_____

_____

拿到的糖果最後怎麼處理？_____

_____

新年新希望

過年的趣事或傳統：_____

_____

有人守歲到半夜嗎？_____

_____

_____

母親節！

媽媽奇想

☐ 睡到很晚　　☐ 在床上吃早餐　　☐ 其他：＿＿＿＿＿＿

現實世界

實際發生的事情是 ＿＿＿＿＿＿＿＿＿＿＿＿＿＿＿＿＿＿＿

＿＿＿＿＿＿＿＿＿＿＿＿＿＿＿＿＿＿＿＿＿＿＿＿＿＿＿

母親節的傳統是 ＿＿＿＿＿＿＿＿＿＿＿＿＿＿＿＿＿＿＿＿

父親節！

爸爸奇想

☐ 睡到很晚　　☐ 在床上吃早餐　　☐ 其他：＿＿＿＿＿＿

現實世界

實際發生的事情是 ＿＿＿＿＿＿＿＿＿＿＿＿＿＿＿＿＿＿＿

＿＿＿＿＿＿＿＿＿＿＿＿＿＿＿＿＿＿＿＿＿＿＿＿＿＿＿

父親節的傳統是 ＿＿＿＿＿＿＿＿＿＿＿＿＿＿＿＿＿＿＿＿

最喜歡的節日 & 家庭聚會

寫下有關節日或家庭聚會的回憶、想法或照片⋯⋯

寶寶滿週歲

基本資料（身高、體重或可愛程度）：_____

_____

寶寶的個性：_____

_____

寶寶喜歡什麼？_____

_____

寶寶討厭什麼？_____

_____

成就或才藝：_____

_____

_____

難忘的時刻：_____

_____

_____

真希望能在美好時光消逝以前，讓你知道你正身處其中。
—— 電視連續劇《辦公室》的安迪・貝爾納 (Andy Bernard)

有個一歲寶寶的家庭

大寶的年紀和興趣是

寶寶出現後，大寶有何變化？

二寶讓大寶最驚喜的事情是什麼？

爸媽

寶寶到來後，我們改變了什麼？

身為二寶的爸媽，最驚喜的事情是什麼？

寶寶的喜好

音樂：

書籍：

食物：

人（真人、想像中的人或電視裡的人）：

動物（絨毛娃娃、真的動物或電視裡的動物）：

活動：

我們忍不住向人炫耀寶寶是如何的 _____

_____

_____

_____

![clock icon] **時空膠囊**

如果寶寶要將自己喜愛的東西放進時光膠囊，他會拿什麼？ _____

_____

_____

_____

如果我們要將自己喜愛的東西放進時光膠囊，我們會拿什麼？ _____

_____

_____

_____

_____

寶寶一歲生日

我們做了什麼？ _____

_____

誰來參加？ _____

_____

成功還是災難？ _____

_____

更多感受： _____

_____

放一張寶寶一歲的照片

我們都有自己的時光機。帶我們回到過去的，我們稱
之為回憶；帶我們向前進的，我們稱之為夢想。
—— 傑瑞米・艾恩斯 (Jeremy Irons)

 寫給一歲寶寶的一封信

日期：＿＿＿＿＿＿＿＿＿＿＿

親愛的 ＿＿＿＿＿＿＿＿＿＿＿

．．．

．．．

．．．

．．．

．．．

．．．

．．．

寶寶滿兩歲

基本資料（身高、體重或可愛程度）：

寶寶的個性：

寶寶喜歡什麼？

寶寶討厭什麼？

成就或才藝：

難忘的時刻：

家庭狀況

 大寶

大寶的年紀和興趣是 _____

寶寶出現後,大寶有何變化? _____

喜歡做為哥哥/姐姐的什麼事情? _____

_____

大寶是否發生什麼重要事件或有所進步? _____

_____

爸媽

寶寶到來後,我們改變了什麼? _____

_____

喜歡做為二寶爸媽的什麼事情? _____

_____

爸爸和媽媽是否發生什麼重要事件或有所進步? _____

_____

寶寶的喜好

音樂：＿＿＿＿＿＿＿＿＿＿＿＿＿＿＿＿＿＿＿＿＿＿

書籍：＿＿＿＿＿＿＿＿＿＿＿＿＿＿＿＿＿＿＿＿＿＿

食物：＿＿＿＿＿＿＿＿＿＿＿＿＿＿＿＿＿＿＿＿＿＿

人（真人、想像中的人或電視裡的人）：＿＿＿＿＿＿＿

動物（絨毛娃娃、真的動物或電視裡的動物）：＿＿＿＿

活動：＿＿＿＿＿＿＿＿＿＿＿＿＿＿＿＿＿＿＿＿＿＿

我們忍不住向人炫耀你是如何的＿＿＿＿＿＿＿＿＿＿＿

＿＿＿＿＿＿＿＿＿＿＿＿＿＿＿＿＿＿＿＿＿＿＿＿＿

時空膠囊

如果我們要將自己喜愛的東西放進時光膠囊，我們會拿什麼？＿＿＿＿＿＿

＿＿＿＿＿＿＿＿＿＿＿＿＿＿＿＿＿＿＿＿＿＿＿＿＿

＿＿＿＿＿＿＿＿＿＿＿＿＿＿＿＿＿＿＿＿＿＿＿＿＿

＿＿＿＿＿＿＿＿＿＿＿＿＿＿＿＿＿＿＿＿＿＿＿＿＿

兩歲＋，我等不及了！

 大寶

期待的時刻

1. ＿＿＿＿＿＿＿＿＿＿＿＿＿＿＿＿＿＿

2. ＿＿＿＿＿＿＿＿＿＿＿＿＿＿＿＿＿＿

更多想法和感受：＿＿＿＿＿＿＿＿＿＿＿＿＿

媽媽

期待的時刻

1. ＿＿＿＿＿＿＿＿＿＿＿＿＿＿＿＿＿＿

2. ＿＿＿＿＿＿＿＿＿＿＿＿＿＿＿＿＿＿

更多想法和感受：＿＿＿＿＿＿＿＿＿＿＿＿＿

爸爸

期待的時刻

1. ＿＿＿＿＿＿＿＿＿＿＿＿＿＿＿＿＿＿

2. ＿＿＿＿＿＿＿＿＿＿＿＿＿＿＿＿＿＿

更多想法和感受：＿＿＿＿＿＿＿＿＿＿＿＿＿

最後，再寫一封信給寶寶

日期：＿＿＿＿＿＿＿＿＿＿＿＿＿＿

親愛的 ＿＿＿＿＿＿＿＿＿＿＿＿＿＿

....

....

....

....

....

....

....

....

....

我們最愛的故事會永遠活在我們心中。
—— J · K 羅琳 (J. K. Rowling)

 回憶和里程碑

　　我們擁有許多歡樂的、珍貴的和正在創造的回憶，寫下回顧和期待：

. . . .

. . . .

. . . .

. . . .

. . . .

. . . .

. . . .

. . . .

留下更多的照片、訊息和回憶：

致謝

　　我很開心有此機會能向家人、朋友和夥伴表達謝意，他們為我花時間、支持我、貢獻才智，幫助我完成這本書。

　　首先是我的丈夫和夥伴：亞蘭‧莫羅；我的孩子：薇拉和尼奇；我的母親，同時也是我的魔法精靈：瑪娜‧G‧維納；我的父親：賽‧維納；亞蘭的父母：露比‧莫羅和羅茲‧莫羅。作家團體中的支柱：索妮亞‧賈菲‧羅賓斯、莫琳‧霍斯巴赫。很棒的理論派編輯朋友和焦點小組：羅歇爾‧克萊普納、瑞秋‧麥爾斯、卡洛琳‧特維、法比恩‧佩哈、羅賓‧哈洛蘭、潔西卡‧魏格曼、史黛西‧伊凡和塔瑪拉‧費希。謝謝、謝謝、謝謝你們。

　　此外也要謝謝雪松堡出版社的布萊斯‧莫帝默，和編輯、設計團隊，他們努力讓《當我們變成四個人》這本書問世並持續讓世界看見。最後，我要謝謝馬克‧J‧布洛克、作者協會的麥可‧葛羅斯和烏梅爾‧卡茲，謝謝你們的時間和專業建議。

作者介紹

　　吉兒·卡蘿·維納是一名記者，著有給新手父母的暢銷書《當我們變成三個人》。她於《紐約時報》發表各類教育教養的文章，從在家自學到下圍棋，於《華爾街日報》介紹創新教育的 app，於《紐約親子遊》、《奇異果雜誌》和 Mom365.com 等家庭類雜誌及網站撰寫孕肚彩繪等。她也為其他出版品、網站撰寫運動、紐約等不同主題的文章。

　　吉兒的哥哥們喜歡開玩笑說，吉兒出生時，他們哭得有多麼慘。她希望他的兒子出生時，這個過程能夠更順利，兒子能更受到歡迎。她希望女兒（大寶）了解，和可愛的聯合主演分享鎂光燈，並不會有損她在父母眼中那超級巨星的光芒。大寶會是個重要身分，並且很好玩。吉兒將手足／家庭動態平衡記在心上，創造出這本有意義的、有趣的、具彈性的《當我們變成四個人》，能促進溝通、激發想像力，讓全家享受其中。

　　她目前和丈夫、兩個孩子住在紐約。想知道更多，請造訪她的網站：www.jillcarylweiner.com

輕心靈 007

當我們變成 4 個人
育兒手感紀錄，全家人的回憶筆記書
When We Became Four: A Memory Book for The Whole Family

作者／吉兒‧卡蘿‧維納 Jill Caryl Weiner
譯者／黃微真
責任編輯／蔡川惠
校對／王雅薇、魏秋綢
封面設計／Rika Su
內頁設計／連紫吟、曹任華
行銷企劃／石筱珮

天下雜誌群創辦人／殷允芃
董事長兼執行長／何琦瑜
媒體產品事業群
總經理／游玉雪
總監／李佩芬
版權主任／何晨瑋、黃微真

出版者／親子天下股份有限公司
地址／台北市 104 建國北路一段 96 號 4 樓
電話／（02）2509-2800　傳真／（02）2509-2462
網址／www.parenting.com.tw
讀者服務專線／（02）2662-0332　週一～週五：09:00~17:30
讀者服務傳真／（02）2662-6048
客服信箱／parenting@cw.com.tw
法律顧問／台英國際商務法律事務所‧羅明通律師
製版印刷／中原造像股份有限公司
總經銷／大和圖書有限公司　電話：（02）8990-2588

出版日期／2023 年 2 月第一版第一次印行
定　價／380 元
書　號／BKELL007P
ISBN ／978-626-305-425-7（精裝）

當我們變成四個人：育兒手感紀錄，全家人的
回憶筆記書／吉兒．卡蘿．維納作 .-- 第一版 .--
臺北市：親子天下股份有限公司, 2023.02
160 面；14.8x18.5 公分 .--（輕心靈；7）
譯 目：When we became four : a memory book
for the whole family
ISBN 978-626-305-425-7(精裝)

1.CST: 家庭 2.CST: 育兒

544.1　　　　　　　　　　　112001092

立即購買 >

訂購服務：
親子天下 Shopping ／ shopping.parenting.com.tw　海外‧大量訂購／ parenting@cw.com.tw
書香花園／台北市建國北路二段 6 巷 11 號　電話 (02) 2506-1635　劃撥帳號／ 50331356 親子天下股份有限公司